Benjamin Faust
School-Shooting

Folgende Titel sind zuletzt im Psychosozial-Verlag in der Reihe »Psyche und Gesellschaft« erschienen:

MICHAEL ENSSLEN (HG.): Zur Logik des modernen Krieges. Politische Strukturen und verborgene Motive. 2006.
ROTRAUT DE CLERCK (HG.): Trauma und Paranoia. Individuelle und kollektive Angst im politischen Kontext. 2006.
NELE REULEAUX: Nationalsozialistische Täter. Die intergenerative Wirkungsmacht des malignen Narzissmus. 2006.
HENRIK JUNGABERLE, ROLF VERRES, FLETCHER DUBOIS (HG.): Rituale erneuern. Ritualdynamik und Grenzerfahrung aus interdisziplinärer Perspektive. 2006.
ANGELIKA HOLDERBERG (HG.): Nach dem bewaffneten Kampf. Ehemalige Mitglieder der RAF und Bewegung 2. Juni sprechen mit Therapeuten über ihre Vergangenheit. 2007.
OLIVER DECKER, CHRISTOPH TÜRCKE (HG.): Kritische Theorie – Psychoanalytische Praxis. 2007.
ALI MAGOUDI: Mitterand auf der Couch. Ein psychoanalytisches Rendezvous mit dem französischen Staatspräsidenten. 2007.
MARCUS EMMERICH: Jenseits von Individuum und Gesellschaft. Zur Problematik einer psychoanalytischen Theorie und Gesellschaft. 2007.
ANGELA KÜHNER: Kollektive Traumata. Konzepte, Argumente, Perspektiven. 2007.
FLORIAN STEGER (HG.): Was ist krank? Stigmatisierung und Diskriminierung in Medizin und Psychotherapie. 2007.
BORIS FRIELE: Psychotherapie, Emanzipation und Radikaler Konstruktivismus. Eine kritische Analyse des systemischen Denkens in der klinischen Psychologie und sozialen Arbeit. 2008.
HANS-DIETER KÖNIG: George W. Bush und der fanatische Krieg gegen den Terrorismus. Eine psychoanalytische Studie zum Autoritarismus in Amerika. 2008.
ROBERT HEIM, EMILIO MODENA (HG.): Unterwegs in der vaterlosen Gesellschaft. Zur Sozialpsychologie Alexander Mitscherlichs. 2008.
HANS-JOACHIM BUSCH, ANGELIKA EBRECHT (HG.): Liebe im Kapitalismus. 2008.
ANGELA KÜHNER: Trauma und kollektives Gedächtnis. 2008.
BURKARD SIEVERS (HG.): Psychodynamik von Organisationen. Freie Assoziationen zu unbewussten Prozessen in Organisationen. 2009.
TOMAS BÖHM, SUZANNE KAPLAN: Rache. Zur Psychodynamik einer unheimlichen Lust und ihrer Zähmung. 2009.
LU SEEGERS, JÜRGEN REULECKE (HG.): Die »Generation der Kriegskinder«. Historische Hintergründe und Deutungen. 2009.
CHRISTOPH SEIDLER, MICHAEL J. FROESE (HG.): Traumatisierungen in (Ost-)Deutschland. 2009.
HANS-JÜRGEN WIRTH: Narcissism and Power. Psychoanalysis of Mental Disorders in Politics. 2009.
HANS BOSSE: Der fremde Mann. Angst und Verlangen – Gruppenanalytische Untersuchungen in Papua-Neuguinea. 2010.

»PSYCHE UND GESELLSCHAFT«
HERAUSGEGEBEN VON JOHANN AUGUST SCHÜLEIN UND HANS-JÜRGEN WIRTH

Benjamin Faust

School-Shooting

Jugendliche Amokläufer
zwischen Anpassung und Exklusion

Mit einem Vorwort von Rolf Haubl

Psychosozial-Verlag

Bibliografische Information der Deutschen Nationalbibliothek
Die Deutsche Nationalbibliothek verzeichnet diese Publikation
in der Deutschen Nationalbibliografie; detaillierte bibliografische Daten
sind im Internet über http://dnb.d-nb.de abrufbar.

Originalausgabe
© 2010 Psychosozial-Verlag
E-Mail: info@psychosozial-verlag.de
www.psychosozial-verlag.de
Alle Rechte vorbehalten. Kein Teil des Werkes darf
in irgendeiner Form (durch Fotografie, Mikrofilm oder andere Verfahren)
ohne schriftliche Genehmigung des Verlages reproduziert
oder unter Verwendung elektronischer Systeme verarbeitet,
vervielfältigt oder verbreitet werden.
Umschlagabbildung: Wolfgang Paalen: »L'autophage (Fulgurites)«, 1938, Öl/
Fumage auf Karton (auf Holz aufgezogen), 12 x 16,5 cm, Privatsammlung
Berlin © paalen-archiv.com.
Umschlaggestaltung & Satz: Hanspeter Ludwig, Gießen
www.imaginary-art.net
ISBN 978-3-8379-2063-5

Inhalt

Danksagung 7

Vorwort 9

Bruchstücke 13

Amoklauf oder School-Shooting?
Eine begriffliche Annäherung 17

Phänomenologie 29

School-Shootings aus soziologischer Perspektive
Schule und Schulenhass 43

Das kulturelle Umfeld 83

School-Shootings aus psychologischer Sicht
Ein grandioser Abgang 113

School-Shootings – Die Schattenseite der Gesellschaft 141

Literatur 145

Anhang 153

Danksagung

Zuvorderst möchte ich Professor Dr. Dr. Rolf Haubl für seine erbaulichen Kommentare danken, die mir über so manche Unsicherheit hinweggeholfen haben. Sebastian Faust danke ich für seinen streng naturwissenschaftlichen Blick auf meine Arbeit. Isa Abdel Fattah möchte ich für sein neugieriges Fragen danken und für unzählige Diskussionen mit ihm, die mir viele neue Einsichten verschafft haben. Für ihr geduldiges Lesen, ihr strenges Korrigieren, ihre Neugier und viele wichtige Tipps danke ich Claudia Federolf. Auch Christian Giersdorf hat seinen Teil zu diesem Buch beigetragen. Dafür sei auch ihm ein Dank ausgesprochen. Für den letzten Feinschliff, vor allem aber auch für die unkomplizierte Zusammenarbeit, danke ich Grit Sündermann und dem Psychosozial-Verlag. Zum Schluss, aber nicht zuletzt, danke ich Jakob und Christine Faust, ohne deren Unterstützung dieses Buch nicht möglich gewesen wäre.

Vorwort

School-Shootings sind die spektakulärsten Formen von Gewalt in der Schule. Ihre Merkmale erlauben es, sie als Amokläufe zu rubrizieren: Nicht alle Amokläufe, auch nicht die von Jugendlichen, finden in der Schule statt, aber fast alle School-Shootings entsprechen dem Ablaufmuster von Amokläufen, soweit der Amoklauf nicht auf ungeplante Mehrfachmorde reduziert wird, nach deren Erledigung sich der Amokläufer selbst tötet. Eine unkritische Übertragung eines solchen Begriffs von Amoklauf, wie er meist in den Medien zu finden ist, lässt School-Shootings als Inbegriff der Irrationalität erscheinen. Und so werden sie dann auch öffentlich dargestellt: als plötzlicher, unkontrollierbarer Einbruch unfassbarer Gewalt in eine friedliebende Alltagswelt.

Genau dagegen schreibt Benjamin Faust in seiner devianz- und narzissmustheoretisch gerahmten Untersuchung an: Er will zeigen, dass die Täter nicht nur auf psychodynamisch nachvollziehbare Weise, sondern mehr noch: reflektiert zu Werke gehen. Und Faust kann dies überzeugend zeigen, indem er die Geschichten von knapp 30 School-Shootern sorgfältig rekonstruiert, wobei er nicht zuletzt Selbstzeugnisse nutzt, mit denen die Täter selbst an die Internet-Öffentlichkeit gegangen sind.

Zwar erhalten School-Shootings eine große öffentliche Aufmerksamkeit, faktisch sind sie aber selten. Ordnungspolitiker suggerieren allerdings gerne, dass sie zu einem Normalfall zu werden drohen, wenn nicht für mehr Sicherheit, und das heißt soziale Kontrolle, gesorgt werde. Indem School-Shootigs derart ordnungspolitisch instrumentalisiert werden, dienen sie, wie sich aus Benjamin Fausts Untersuchung lernen lässt, der Ablenkung von einer nüchternen Analyse ihrer Ursachen. Denn eine solche Analyse führt in die Mitte der Gesellschaft, die alles andere als friedlich und überdies nicht nur individuell, sondern vor allem strukturell gewaltförmig ist. Faust legt seine Analyse von vornherein multikausal an, weil er zu Recht monokausale Erklärungsversuche im Verdacht hat, lediglich zu symbolischen Handlungen zu führen, die über die reale Ohnmacht hinwegtäuschen sollen. An der Dämonisierung von »Killer-Computerspielen« wird diese Strategie besonders augenfällig.

Es ist seine große Stärke, dass Benjamin Faust gleichermaßen nüchtern wie akribisch die Spuren verfolgt, die von den Tätern gelegt worden sind. Dabei ergibt der Vergleich der untersuchten Fälle ein bestimmtes Muster, das im einzelnen Fall variiert wird. Die Täter haben auf dem Hintergrund einer lebensgeschichtlich erworbenen narzisstischen Vulnerabilität, die nur gelegentlich als narzisstische Persönlichkeitsstörung imponiert, kumulierte Erfahrungen einer massiv kränkenden sozialen Marginalisierung hinter sich. Dabei wiegt vor allem der soziale Ausschluss aus ihren Gleichaltrigengruppen schwer, weil diese Gruppen damit keine kompensatorische Wirkung gegenüber den Kränkungen durch die Schule und ihre Lehrpersonal mehr haben. Daraufhin ziehen sich die späteren School-Shooter von sozialen Kontakten in eine Isolation zurück, um weiteren Kränkungen aus dem Weg zu gehen. In dieser Isolation verbringen sie einen großen Teil der Zeit mit kompensatorischen Fantasien, die sich immer weiter von der Realität entfernen. So werden die Isolierten zu Sonderlingen, auf die Lehrer wie Mitschüler ihre eigenen Aggressionen projizieren. Sie bieten den späteren School-Shootern eine negative Identität an, die von denen übernommen wird, weil sie wähnen, alle anderen Identitätsofferten seien ihnen versperrt. Die kompensatorischen Fantasien werden zunehmend zu Rache-Fantasien, die auf Realisierung drängen. Dass die Mitwelt der späteren School-Shooter dabei alle Anzeichen von Hilfsbedürftigkeit übersieht, resultiert daraus, dass sie deren Missachtung braucht, um sich selbst und ihr Weltbild zu stabilisieren. Zu diesem Weltbild gehört auch eine Ideologie der leistungsgerechten Schule, die dazu nötigt, alle schulischen Schwierigkeiten für selbst verschuldet zu halten. Das schließlich realisierte School-Shooing ist vollzogene Rache aus narzisstischer Wut.

School-Shooter inszenieren einen triumphalen Moment, in dem sie ihren erlittenen sozialen Ausschluss dadurch überbieten, dass sie ihre Peiniger mit dem Tod und damit mit einem irreversiblen Ausschluss aus der Gemeinschaft der Lebenden bestrafen. Wenn sich etliche von ihnen, bei weitem nicht alle, im Anschluss an ihre Tat selbst töten, gehen eine Flucht aus der Verantwortung und eine selbst bestrafende Verantwortungsübernahme ein irritierendes moralisches Gemenge ein.

Besonders interessant ist der Befund, dass sich School-Shooter intensiv mit dem Tathergang ihrer Vorläufer beschäftigen: Sie studieren deren veröffentlichte Dramaturgie, einerseits, um sie zu überbieten, andererseits, um sie zu zitieren. Durch solche Zitate entwerfen die einzelnen Täter die Reihe der School-Shooter als eine soziale Bewegung, die sich – mehr oder weniger offen von Sympathisanten angefeuert – für Gerechtigkeit engagiert: also für ihresgleichen eintritt. Die Selbstjustiz, die sie üben, hat darüber hinaus einen klaren Genderaspekt. Denn School-Shooter sind bis auf wenige Ausnahmen männliche Jugendliche und junge Männer, die ihre gekränkte Männlichkeit mit tradierten Mitteln zu restituieren suchen: durch eine selbstgerechte und Leben verachtende (todessehnsüchtige) Härte gegen andere und sich selbst.

Auch wenn sich Benjamin Faust auf einige Vorarbeiten bezieht, zeichnet sich seine Untersuchung durch eine beeindruckende Selbstständigkeit und Urteilssicherheit aus. Souverän verknüpft er verschiedene Analyseebenen, wobei er überzeugend vorführt, wie es gelingen kann, eine vorschnelle Psychologisierung sozialwissenschaftlich zu korrigieren.

Rolf Haubl

Bruchstücke

Am 20. April 1999 betreten Eric Harris, 17, und Dylan Klebold, 18, die Cafeteria ihrer Schule in Littleton, Colorado, und legen Sprengsätze. Anschließend verlassen sie die Schule und warten die Detonation ab. Als nach einigen Minuten nichts passiert, kehren sie in die Schule zurück und töten zwölf Schüler und einen Lehrer mit Handfeuerwaffen. Dreiundzwanzig weitere werden verletzt. Im Anschluss an die Tat töten sie sich selbst.

Am Vormittag des 26. April 2002 betritt der ehemalige Schüler des Erfurter Gutenberg-Gymnasiums Robert Steinhäuser das Gebäude seiner Schule und erschießt zwölf Lehrer, eine Sekretärin, zwei Schüler und einen Polizisten. Nachdem es einem Lehrer gelungen ist, ihm seine Maske zu entreißen und ihn in einen Klassenraum einzusperren, begeht Robert Steinhäuser Selbstmord.

Der 17-jährige Tim Kretschmer geht am Morgen des 11. März 2009 in seine ehemalige Schule in Winnenden und eröffnet das Feuer auf Schüler und Lehrer. Mit Eintreffen der Polizei flüchtet der Täter durch den Hinterausgang der Schule, rennt über das nahegelegene Parkgelände einer psychiatrischen Klinik, erschießt auf seiner Flucht einen Angestellten und nimmt einen Autofahrer als Geisel. Mit vorgehaltener Waffe zwingt Kretschmer seine Geisel, loszufahren. Ihre Fahrt führt sie über Waiblingen, Fellbach und Stuttgart bis nach Wendlingen, wo der Geisel die Flucht gelingt. Kretschmer flüchtet zu Fuß weiter in ein nahegelegenes Autohaus, dort erschießt er einen Kunden und einen Verkäufer. Schließlich liefert er sich eine Schießerei mit den eintreffenden Polizisten, bevor er sich selbst das Leben nimmt. Insgesamt kommen bei diesem Amoklauf 16 Menschen inklusive dem Täter ums Leben.

School-Shootings – für die Gemeinden, in denen sie sich zutragen, ein unfassbarer Einfall des Grauens in die ansonsten so idyllisch erscheinende Kleinstadtwelt, für Presse und Fernsehen ein Publikumsfänger, für Politiker eine willkommene Gelegenheit, sich der verängstigten Bevölkerung als Beschützer anzudienen – bleiben weithin und für viele Beteiligte ein unerklärliches, kaum nachvollziehbares Phänomen. Für die Bewohner dieser Ortschaften bleibt die Frage unbeantwortet, weshalb es ausgerechnet bei ihnen geschehen ist, weshalb gerade Littleton, Erfurt oder Winnenden mit derartigen Tragödien »bestraft« werden und nicht Berlin oder New York oder Los Angeles. Unbeantwortet bleibt auch, wie es dazu kommen konnte, dass einer der ihren, ein Jugendlicher aus ihrer Gemeinde, Amok läuft. »Warum?« steht in roten Lettern auf einem Pappschild geschrieben, das, umrandet von einem Meer aus Blumen, an einer Mauer der Albertville-Realschule lehnt und das Gefühl der Fassungslosigkeit prägnant wiedergibt.

Unweigerlich stellt sich die Schuldfrage. Allerlei Experten werden nach derartigen Taten in Presse und Fernsehen aufgeführt, die, gestützt durch das Vertrauen, das man ihren Titeln schenkt, ihre Theorien wie heilsame Botschaften unter die Leute bringen, so für eine psychische Entlastung sorgen und einen scheinbar objektiven, weil wissenschaftlich fundierten, Freispruch von eigener Schuld liefern. »Aha, die Computerspiele haben ihn also zu dieser Tat getrieben«, soll man sich denken, »die Eltern sind schuld oder die Schule; das Böse lag in seinen Genen oder seiner Nationalität und überhaupt war er ein kranker Psychopath.« Derartige Exklusionen des Täters und die nachträgliche Einordnung der Tat in ein festgefügtes Deutungsmuster entbinden von eigener Verantwortlichkeit und rauben der Tat so ihren Schrecken. Die Normalität scheint wieder hergestellt, der Schuldige wurde gefunden, nun kann wieder zum Alltag übergegangen werden. Aus psychologischer Sicht mag diese Herangehensweise verständlich sein. Eine Aufarbeitung der Tat wäre mühsam und die Ergebnisse, zu denen man gelangen könnte, vielleicht nicht so, wie man sie gerne hätte. Doch ist mit personalisierenden Schuldzuweisungen niemandem geholfen. Der Einbruch des Schreckens mag für den Moment zwar aus dem Bewusstsein verschwinden. Die Umstände aber, die zu der Tat selbst führten, bleiben nach wie vor vorhanden.

Wer sich ernsthaft mit dem Phänomen School-Shooting auseinandersetzt, muss zwingend von monokausalen Erklärungsmodellen Abstand nehmen. Denn das, was ein Mensch in einem bestimmten Moment seines Lebens tut, steht niemals nur für sich allein, sondern ist immer eingebettet in einen Sinnzusammenhang, ein soziales Umfeld, und ohne Bezugnahme zu diesem nicht zu entschlüsseln. Alles Handeln ist ein Prozess, besitzt sozusagen seine eigene Geschichte mit Anfang und Ende. Will man also verstehen, weshalb Robert Steinhäuser oder Tim Kretschmer Amok gelaufen sind, muss man ihr Handeln als Endpunkt eines langwierigen Prozesses betrachten und nicht vom Endpunkt ausgehend vorschnelle Urteile fällen. Man muss sich fragen, wer diese Menschen gewesen sind, in welcher Welt sie aufgewachsen sind und gelebt haben und wie und von wem sie sozialisiert worden sind. Genau diesen Fragen soll in dieser Arbeit nachgegangen werden.

Hierbei wird der Annahme gefolgt, dass Amokläufe an Schulen für die Akteure im höchsten Maße sinnvolle und identitätsstiftende Handlungsakte darstellen und als solche tief verstrickt in das gesellschaftliche Umfeld sind, in dem sie sich ereignen. Es wird aufzuzeigen sein, dass sich die Täter zum Tatzeitpunkt in einer Situation weitgehender sozialer Exklusion und Deprivation befinden, aus der sie sich über ihren Amoklauf gewaltsam zu befreien suchen. Ihre Tat ist ebenso wenig Ausdruck ungezähmter Triebhaftigkeit wie das Ergebnis eines allseits beklagten Wertezerfalls, sondern stellt den letzten Versuch dar, sich von einer sozialen Umwelt Anerkennung zu verschaffen, die ihnen diese Anerkennung konsequent verweigert hat. Mag den Tätern im Nachhinein auch noch so vehement ihre Zugehörigkeit zu »unserer« Gesellschaft abgesprochen werden, so stehen sie doch nicht außerhalb dieser Gesellschaft, sondern entspringen aus ihrer Mitte.

Um der Gefahr einer blinden Vereinfachung zu entgehen, möchte ich mich dem Phänomen School-Shooting von drei verschiedenen Seiten nähern. In einem Kapitel wird das Phänomen School-Shooting aus *soziologischer* Perspektive untersucht. Hauptaugenmerk gilt hierbei der Frage, weshalb Jugendliche gerade an Schulen Amok laufen. Wodurch ist der Hass gegen diese Institution entstanden? Welche Konflikte hat es prädeliktisch zwischen den späteren Tätern und ihren Lehrern bzw. ihren Mitschülern gegeben? Und warum finden Amokläufe vermehrt in Gegenden statt, wo man derartige Gewaltausbrüche am wenigsten erwarten würde? Im darauf folgenden Kapitel wird das kulturelle Umfeld beleuchtet, in dem sich derartige Taten ereignen. Wie verhält es sich mit dem oftmals unterstellten Zusammenhang zwischen Egoshootern und Amokläufen tatsächlich? Woher stammt das immense mediale Interesse an Amokläufen und was kann eine derart überbordende Berichterstattung bewirken? Welchen kulturellen Idealen und Vorbildern folgen School-Shooter, wenn sie gegen andere Gewalt anwenden und wie legitimieren sie ihre Gewalthandlung?

Schließlich soll anhand von Tagebüchern, Abschiedsbriefen und -videos im Kapitel *School-Shootings aus psychologischer Sicht* der Versuch unternommen werden, sich der psychischen Struktur anzunähern, die sich hinter derartigen Taten verbergen könnte. In Anbetracht der Tatsache, dass die jugendlichen Täter durch schwerwiegende Kränkungen in ihrem Selbstwertgefühl stark verunsichert wurden, wird hier von einem übersteigerten Narzissmus ausgegangen, dessen verschiedene Ausprägungsformen in den Selbstauskünften der späteren Täter klar hervortreten. Die von ihnen angefertigten Dokumente offenbaren sich als verstörende Zeugnisse zutiefst gekränkter Menschen, die sich aufgrund erlittener Niederlagen von der als kränkend erlebten Realität abgewendet haben und sich in eine Fantasiewelt flüchten, um ihr bedrohtes Selbst wieder zu stabilisieren. School-Shooter versinken schließlich in dieser Welt, die ihnen einzig noch Befriedigung zu verschaffen vermag, und leben die imaginierten Selbstbilder der Größe und Omnipotenz in der Realität aus.

Bevor nun aber diese Thesen genauer ausgeführt werden und sich den Gründen für Amokläufe an Schulen angenähert werden kann, gilt es, das Phänomen selbst näher zu umschreiben. Tat- und Tätermerkmale müssen bestimmt und die charakteristischen Merkmale von Amokläufen an Schulen herausgearbeitet werden, um relativ aussagekräftige Urteile fällen zu können. Dies soll in den beiden nun folgenden Kapiteln geschehen.

Amoklauf oder School-Shooting?

Eine begriffliche Annäherung

Gezielte Mehrfachtötungen durch Jugendliche an Schulen werden in der deutschen Öffentlichkeit und wissenschaftlichen Literatur vorwiegend unter dem Begriff *Amok* diskutiert. Im amerikanischen Sprachraum hat sich demgegenüber der Begriff *school shooting* etabliert. Allerdings werden dort auch die Begriffe *rampage* oder *classroom avenger* synonym benutzt. In den Medien ist oftmals nur von einem *Massaker* oder *Blutbad* die Rede, wobei die Verwendung derartig reißerischer Begriffe mehr dem kommerziellen Interesse als einer wissenschaftlich fundierten Auseinandersetzung mit dem Gegenstand geschuldet sein dürfte. Juristisch handelt es sich schlicht um Mord oder versuchten Mord, kriminologisch um Mehrfachtötungsdelikte, die in die Kategorien *Massenmord*, *Serienmord* oder *Spree killing* unterteilt werden können. Eine Vielzahl von Ausdrücken und Umschreibungen scheint also möglich, um ein und denselben Sachverhalt wiederzugeben. Somit stellt sich die Frage, welcher dieser vielen Begriffe geeignet ist, um den Gegenstand dieser Arbeit am besten einzufangen.

Amok

Taten, wie sie in der Einleitung beschrieben wurden, werden in der Mehrzahl aller Fälle unter der Rubrik *Amok* behandelt. Allerdings ist die Verwendung dieses Begriffes in Bezug auf das Thema dieser Arbeit nicht unstrittig. Robertz (2004) verweist darauf, dass Amokläufe bezüglich Opferauswahl, Ort und Alter des Täters erheblich von den von ihm untersuchten Fällen von gezielten Mehrfachtötungsdelikten an Schulen abweichen. Auch seien die von ihm behandelten Fälle »keineswegs ›impulsiv-raptusartige‹ Taten«, wie dies bei Amokläufen der Fall sei, »sondern im Gegenteil durch eine präzise Tatplanung und -vorbereitung gekennzeichnet« (ebd., S. 19). Tatsächlich wird der Begriff Amok in den Medien vor allem auf solche Gewalthandlungen angewendet, die sich nicht aus sich selbst heraus erklären. Wer jemanden tötet und anschließend die Brieftasche seines Opfers entwendet, begeht zwar einen Mord, allerdings werden die Gründe dafür für jeden nachvollziehbar sein. Anders verhält es sich mit einem Amoklauf. Amokläufer töten nicht, um sich zu bereichern oder um eine Person zu beseitigen, die ihnen im Wege steht. Oftmals sind es Bagatellen, die als Ursachen angegeben werden: eine gescheiterte Beziehung, ein Streit mit Bekannten oder Freunden, der Verlust des Arbeitsplatzes – nichts darunter, was nicht alltäglich geschehen würde, was die Tötung anderer Menschen rechtfertigen oder wenigsten verständlich machen könnte. Darin aber unterscheidet sich der Amoklauf keineswegs von jenen Tötungsdelikten, die Robertz (2004) in seiner Studie über School-Shootings untersucht. Auch dort waren es scheinbare Bagatellen, die aus einem unauffälligen Jugendlichen einen Mörder machten. Auch ihre Taten erscheinen auf den ersten Blick wie unkontrollierbare Wutausbrüche psychisch kranker Menschen, impulsiv-raptusartig, wie Robertz schreibt. Bei näherergehender Betrachtung lässt sich eine derartige Behauptung jedoch nicht aufrechterhalten – und dies gilt für School-Shootings wie für Amokläufe gleichermaßen. Dass auch der Amoklauf nicht allein in solchen Taten aufgeht, die impulsiv-raptusartig verlaufen, sondern die Mehrzahl aller Amokläufe über einen längeren Zeitraum hinweg geplant werden, soll in den beiden folgenden Abschnitten verdeutlicht werden.

Die historische Bedeutung

Der Begriff Amok ist dem malaiischen Wort *amuk* entlehnt, was auf Deutsch so viel wie *rasend* oder *zornig* bedeutet (vgl. Lübbert 2002, S. 7). Zunächst als militärischer oder individueller Schlachtruf verwendet, mit der eine Tötungshandlung eingeleitet wurde, entwickelte er sich ab ca.

dem 17. Jahrhundert zur Beschreibung von Gewalttaten, bei denen die Täter scheinbar wahllos und ohne Rücksicht auf das eigene Leben gegen andere Menschen vorgingen. Da sowohl die individuelle als auch die militärische Variante mit dem Tod des Täters verbunden war, wurde der Amoklauf zunächst als eine gesellschaftlich legitimierte Form des Selbstmordes diskutiert (vgl. ebd., S. 17f.). Anfangs noch positiv konnotiert als Möglichkeit, einen ehrbaren Tod zu sterben, wurde er durch den Einfluss der britischen Kolonialregierung gesellschaftlich geächtet und – sofern die Täter überlebten – schwer bestraft (vgl. ebd., S. 13f.).

Zunächst wurde davon ausgegangen, beim Amoklauf handele es sich um ein kulturspezifisches Phänomen. So wurde diesbezüglich darauf verwiesen, dass die malaiische Kultur besonderen Wert auf die Einhaltung der Etikette legen würde, was es – insbesondere jungen Männern – erschwere, Frustrationen und Ängste auf gesellschaftlich legitimierte Art und Weise abzubauen. Zusehends aber wurde die These des »Culture-Bound-Syndroms« verworfen, da auch in anderen Kulturkreisen amokähnliche Handlungen bekannt wurden und sich in der Geschichte ähnliche Phänomene – wie etwa der skandinavische *Berserker* oder die Figur des *Crazy Dog* bei nordamerikanischen Indianerstämmen – auffinden ließen (vgl. ebd., S. 19ff.). Im westlichen Kulturkreis hat sich schließlich der malaiische Begriff eingebürgert und gilt weithin als geläufige Umschreibung jener Tötungsdelikte, die auf den ersten Blick ohne ersichtliches Motiv auskommen.

Die ersten Versuche, Amok zu definieren, gehen zurück auf die Zeit um 1900. So wurde ursprünglich von einem Vier-Phasen-Modell ausgegangen, das aus folgenden Elementen besteht: Einem Vorstadium (1) des »Brütens«, in dem die Täter sich von der Welt zurückziehen, folgt ein unkontrolliertes, scheinbar motivloses Töten (2), das sich über mehrere Stunden hinziehen kann, um schließlich gewaltsam – entweder durch Fremdeinwirkung oder durch den Selbstmord des Täters – zu enden (3). Überlebende Täter geben an, sich an nichts erinnern zu können und wissen nicht, weshalb sie Amok gelaufen seien, sodass diesbezüglich von einer vorübergehenden Amnesie (4) gesprochen wird (vgl. Adler 2000, S. 13f.).

Auch wenn viele Taten tatsächlich nach einem derartigen Muster ablaufen, trifft dies jedoch nicht auf alle Fälle zu. So konnte Adler in seiner Studie über Amokläufer (2000) nur die Phasen zwei und drei bestätigt sehen (vgl. Lübbert 2002, S. 26). Häufig auch lasse sich eine Täter-Opfer-Beziehung nachweisen, was der These, Amok sei ein willkürliches, motivloses Töten, widersprechen würde. Eine einheitliche Begriffsbestimmung konnte bisher nicht geliefert werden. Allerdings ist es Adler und anderen gelungen, verallgemeinerbare Tätermerkmale herauszuarbeiten und Hypothesen über die Ursachen des Amoks zu entwickeln. Zum besseren Verständnis des Amoklaufs sollen in den folgenden beiden Abschnitten zwei Studien jüngeren Datums vorgestellt werden.

Die Studie Adlers

Adlers Studie aus dem Jahre 2000 folgt dem Ziel, die Ursachen für jene Taten zu bestimmen, die von der Presse unter der Rubrik Amok behandelt wurden. Seine Daten basieren auf einer Auswertung von Pressemitteilungen zwischen dem 1. Januar 1980 und dem 30. August 1989. Zur Identifikation von Amoktaten schlägt er folgende Definition vor:

> »1. Amok musste mindestens zum Tod eines Menschen geführt haben, oder so angelegt gewesen sein, dass er dazu hätte führen können, wenn nicht äußere, nicht in der Person des Täters liegende Gründe den Taterfolg verhindert hätten.
> 2. Sie [die Tat] musste entsprechend der Amokintention wenigstens zeitweilig ohne Rücksicht auf das eigene Leben verlaufen oder direkt zum Tod durch Suizid oder Fremdeinwirkung führen.
> 3. Die Tat musste zumindest äußerlich gesehen als impulsiv-raptusartige Tat beginnen. Homicidales und suizidales Moment der Tat musste tateinheitlich auftreten.
> 4. Die Tat durfte nicht durch politische, ethnische, religiöse oder kriminelle Motive bestimmt gewesen sein« (Adler 2000, S. 50f.).

Für den ausgegebenen Zeitraum konnten 196 Fälle als Amoklauf identifiziert werden; homicidal-suizidales Handeln trat in Adlers Untersuchung mit einer Einjahresprävalenz von ca. 0,02 auf. Beim Amoklauf handelt es sich also um ein äußerst seltenes Phänomen. Statistisch gesehen ist der typische Amokläufer männlich und 34,8 Jahre alt. Er tötet im Schnitt 2,98

Menschen und verletzt 3,74.[1] Allerdings liefen 31% aller Amokläufe ohne Tote und 41% ohne Verletzte ab. 33,5% von 165 Fällen, bei denen der Ausgang bekannt war, endeten mit dem Suizid des Amokläufers, 6,6% starben durch Fremdeinwirkung, bei 5,4% versuchten die Amokläufer sich umzubringen. Mehr als die Hälfte aller Amokläufe endeten mit der Festnahme der Täter durch die Polizei.

In 57% der Fälle wurden ausschließlich Fremde angegriffen, 10% beschränkten sich auf die eigene Familie. Letztere Gruppe wies den höchsten Grad an Gezieltheit auf. Auch begingen sie mit einer Wahrscheinlichkeit von 75% im Anschluss an ihre Tat Selbstmord. Die gefährlichsten Amokläufe waren diejenigen, bei denen die Täter zunächst die eigene Familie angriffen und ihren Amoklauf dann auf Fremde ausweiteten. Amokläufer, die ausschließlich Fremde angriffen, wiesen die niedrigste Tötungsrate, allerdings die höchste Verletztenrate auf.

In etwa 60% aller Fälle wurden Schusswaffen verwendet. Diese Taten waren zu 65% vorbereitet und wiesen mit 3,7 Toten im Schnitt eine gesteigerte Tötungsrate auf. Ungeplante Amokläufe, die mit atypischen Gegenständen (Fahrzeugen) ausgeführt wurden, waren mit durchschnittlich einem Toten am ungefährlichsten.

Bezüglich der Ursache von Amokläufen weist Adler darauf hin, dass die »ermittelten Motive für Amok [...] im Ergebnis über nahezu alle Bereiche des Lebens verstreut [sind], die Konflikte, Nöte und Sorgen bewirken können und [...] zumeist schwerwiegend [sind]« (ebd., S. 98). Sie reichen von finanziellen Problemen über Liebesobjektverluste bzw. Streitigkeiten innerhalb der Familie bis hin zu (scheinbaren) Bagatellen. Die Alltäglichkeit derartiger Konflikte aber lege, so Adler, den Schluss nahe, dass sie nur bedingt als Ursache für Amokläufe gelten könnten. Demgegenüber verweist er auf den erhöhten Anteil von Amokläufern, bei denen eine psychische Störung diagnostiziert werden konnte oder bei denen eine derartige Annahme zumindest nicht abwegig erscheint. 108 der von ihm untersuchten Fälle konnten dieser Gruppe zugeordnet werden. Von den 88 verbleibenden

---

1 Für Deutschland ergibt sich allerdings mit durchschnittlich 1,3 Toten und 1,7 Verletzten eine wesentlich geringere Opferzahl. Adler führt diese Diskrepanz auf den Umstand zurück, dass die deutschen Medien nur dann über Amokläufe im Ausland berichten, wenn sie einen bestimmten Schweregrad erreichen.

Tätern begingen 25 im Anschluss an ihre Tat Selbstmord oder versuchten Selbstmord, sodass Adler insgesamt auf eine Zahl von knapp 68% von psychisch vorbelasteten oder auffälligen Tätern kommt.

Allerdings weist er die Annahme, dieser hohe Prozentsatz psychischer Vorbelastungen der Täter bilde die alleinige Ursache von Amokläufen, zurück. »Nicht dass Amok gelaufen wird, ist von speziellen Erkrankungen abhängig, sondern eher wie er gelaufen wird« (ebd., S. 106). Psychotisch-paranoide Täter gingen vor allem gegen Fremde vor, nähmen den eigenen Tod zwar in Kauf, führten ihn allerdings nicht willentlich herbei. Depressive Täter beschränkten ihren Amoklauf eher auf den Kreis der eigenen Familie und begingen zu hoher Wahrscheinlichkeit Selbstmord.

> »Für die dazwischen stehenden, zumeist psychopathisch-paranoiden Täter, könnten beide psychodynamischen Mechanismen gleichzeitig wirksam sein; ihre besondere Gefährlichkeit entstünde aus dem Zerfall aller Objektbeziehungen und des Selbst mit Freisetzung entsprechender narzisstischer Wut unter Triebentmischung« (ebd., S. 105).

Abschließend formuliert Adler (ebd., S. 106ff.) die Hypothese, dass homicidal-suizidale Gewalthandlungen (im Bereich Amoklauf/Familientragödie) auf eine »gestörte affektive Impulskontrolle« zurückzuführen seien, die Folge eines gestörten Serotoninhaushalts sei. Der Amoklauf wäre demnach maßgeblich durch psycho-genetische Faktoren bedingt.

Die Studie Lübberts

Monika Lübberts Studie über Amokläufe (2002) basiert auf einer Auswertung von Pressemeldungen zwischen dem 6. April 1994 und dem 30. August 2000. Gesucht wurde nach den Schlagwörtern »Amok«, »Amoklauf« und »Amokfahrt«. 118 Fälle konnten schließlich als Amoklauf identifiziert werden.[2]

In Bezug auf Geschlecht, Opferzahl, eingesetzte Waffen sowie Ausgang der Tat weist ihre Studie keine gravierenden Abweichungen zu

---

[2] Lübbert folgt in ihrer Studie also dem journalistischen Verständnis eines Amoklaufs.

den Ergebnissen Adlers auf. Das durchschnittliche Alter beziffert sie allerdings auf 32,7 Jahre, wobei 62% aller Täter zwischen 10 und 35 Jahre alt waren. 32% aller Amokläufer waren zum Tatzeitpunkt Schüler, Studenten oder Auszubildende, woraus der Schluss gezogen werden kann, dass Amok ein alterspezifisch junges Phänomen darstellt. Die Angaben bezüglich des Tatortes und der Täter-Opfer-Beziehungen sollen hier nicht weiter ausgeführt werden, besitzen sie doch nur bedingt Relevanz für das Thema dieser Arbeit – zumal Lübbert diesbezüglich zu keinem besonders aussagekräftigen Ergebnis kommt. Zwar werde der Begriff Amok von den Medien vor allem auf solche Taten angewendet, die impulsivraptusartig verlaufen und scheinbar ohne jegliches Motiv auskommen. Bei nähergehender Untersuchung der als Amoklauf ausgewiesenen Fälle allerdings ließe sich, so Lübbert, eine derartige Behauptung nicht aufrechterhalten. Auch sei kaum nachzuvollziehen, welche Tötungsdelikte warum als Amok von den Medien beschrieben werden:

> »Wann eine Handlung als Amok bezeichnet wird, liegt in der Definitionsmacht der Journalisten. [...] Die Verwendung des Begriffes basiert überwiegend auf ökonomischen Gründen zur Steigerung des Absatzes bzw. besseren Vermarktung der Zeitung und wird daher für viele unterschiedliche Ereignisse verwendet« (Lübbert 2002, S. 51).[3]

So kann nicht verwundern, dass die von Lübbert ausgewerteten Daten kein einheitliches Bild eines typischen Amokläufers ergeben. Die Hypothese Adlers, bei Amokläufern handele es sich um überwiegend psychisch kranke oder vorbelastete Menschen, konnte in ihrer Studie allerdings nicht bestätigt werden. Demgegenüber gewichtet sie die Bedeutung der der Tat vorangehenden Konflikte wesentlich stärker als Adler. Ausgehend von der Tatsache, dass Amok ein geschlechtsspezifisch männliches Phänomen ist, entwickelt Lübbert die Hypothese, ein Amoklauf stelle eine

---

3 Diese müssen nicht notwendig mit einer Gewalthandlung in Verbindung stehen: Als die Fans des Fussballvereins FC Bayern München sich auf einer Vollversammlung darüber beklagten, dass in der neugebauten Allianzarena keine so rechte Stimmungen entstehen wollte, legte Uli Hoeneß – wie die Presse es beschrieb – zu einer »Amokrede« an. Auch das Klima läuft regelmäßig Amok und in immer kürzeren Abständen.

Möglichkeit dar, Männlichkeit zu bewerkstelligen. Der den Amoklauf auslösende Konflikt bedrohe

> »die Männlichkeit des Täters in seiner Funktion als Ernährer, Beschützer und Erzeuger […]. Dieser Angriff beinhaltet eine tiefe Verletzung und Erniedrigung, die bei dem Täter in Wut umschlägt. Diese steigert sich, wenn andere Wege und Mittel, die Männlichkeit wiederherzustellen, scheitern. Für einige Männer ist dieser innerpsychische Druck so groß, dass sie keinen anderen Ausweg sehen, als durch die Tötung der Konfliktpartner diese Wut zu entladen und dadurch ihr Selbstwertgefühl und ihre Männlichkeit wiederherzustellen« (ebd., S. 51).

So würden etwa partnerschaftliche Konflikte eine Kränkung auf sexueller Ebene beinhalten, berufliche Konflikte stellten den Mann in seiner Funktion als Ernährer in Frage und Konflikte mit Behörden (aber auch scheinbare Bagatellen) bedrohten ihn in seiner Machtposition (vgl. ebd., S. 79ff.). Der Amoklauf unterläge nach dieser Lesart vor allem soziokulturellen Bedingungen.

Zusammenfassung

Es bleibt festzuhalten, dass die Verwendung des Begriffes Amok in Bezug auf das Thema dieser Arbeit keineswegs so abwegig ist, wie es Robertz (2004, S. 19) unterstellt. Mag der Begriff Amok in seinem medialen Gebrauch auch eine Impulsivität und Willkürlichkeit beinhalten, so lässt sich diese Annahme bei nähergehender Betrachtung nicht aufrechterhalten. Adler kam in seiner Studie auf eine nicht geringe Zahl von Amokläufern, die ihre Tat geplant hatten oder doch zumindest vorbereitet zu haben schienen.[4]

---

[4] Diesbezüglich kann auch der Fall des Ernst Wagners (1913) angeführt werden, der im deutschsprachigen Raum wohl das mustergültige Beispiel eines Amokläufers darstellt und durch Hermann Hesses literarische Verarbeitung international bekannt wurde. Wagner hat seinen Amoklauf über Jahre hinweg geplant und schließlich zielgerichtet durchgeführt (vgl. Lübbert 2002, S. 28ff.). Auch das amerikanische Pendant dazu – Charles Whitmen (1966) – plante über einen längeren Zeitraum hinweg seinen Amoklauf. So hinterließ er etwa einen Abschiedsbrief, in dem er die Gründe für sein Handeln darlegte.

Allenfalls in Bezug auf Tatort und Alter der Täter ließe sich eine nicht unerhebliche Abweichung feststellen. Dieser Unterschied aber erklärt sich schlicht aus dem Datenmaterial selbst: Wenn Robertz jugendliche Mehrfachtötungsdelikte an Schulen untersucht, wird der Tatort zwangsläufig zu 100% an Schulen liegen. Wer, wie Lübbert oder Adler, sich eine derartige Einschränkung nicht auferlegt, wird zwangsläufig von diesen 100% abweichen müssen. Gleiches gilt in Bezug auf das Alter der Täter. Allein deswegen ist der Altersdurchschnitt bei Lübbert und Adler signifikant höher als bei Robertz, da sich beide eben nicht nur auf jugendliche Täter beschränken, sondern alle Altersklassen in ihre Studien miteinbeziehen.[5]

Somit kann geschlossen werden, dass die Verwendung des Begriffes Amok zumindest als Oberbegriff für die in dieser Arbeit behandelten Fälle durchaus plausibel ist. In Bezug auf Geschlecht, Tatvorbereitung und Ausgang der Tat ergeben sich wesentliche Überschneidungen. Der Verweis auf den Unterschied bezüglich des Alters der Täter und des Tatortes besitzt hingegen keinerlei Argumentationskraft. Die vorgestellten Erklärungsmodelle können damit auch für den Gegenstand dieser Arbeit von Bedeutung sein.

School-Shootings

Da Gegenstand dieser Arbeit ein Phänomen relativ jungen Datums ist, kann kaum verwundern, dass es bisher nur wenige Untersuchungen gibt, die sich ausschließlich mit dieser Thematik befassen. Seit dem Amoklauf von Littleton im Jahre 1999 allerdings werden derartige Gewalthandlungen als eigenständiges Phänomen unter dem Begriff School-Shooting

---

5 Diesbezüglich ist anzumerken, dass School-Shootings ein Phänomen jüngeren Datums bilden (60% aller School-Shootings ereigneten sich in den Jahren zwischen 1999–2006) und deshalb von Adler, der mit Daten aus den 1980er Jahren arbeitet, nur marginal in seine Studie miteinbezogen werden konnten. Lübbert, deren Datenmaterial auf eine Auswertung von Pressemeldungen der Jahre 1994–1999 basiert, weist demgegenüber bereits einen erheblich geringeren Altersdurchschnitt auf, was in der Tatsache gründet, dass 32% der von ihr untersuchten Fälle Schüler, Studenten oder Auszubildende waren.

debattiert, sodass sich die Frage über die Eignung dieses Begriffes für diese Arbeit erübrigt. Allerdings kommt auch der Begriff School-Shooting nicht ohne einige Einschränkungen aus. Dem Wortlaut nach zu urteilen wären diesem Begriff nicht allein amokartige Gewalthandlungen zuzuordnen, sondern prinzipiell alle Gewalthandlungen an Schulen, bei denen Schusswaffen eingesetzt werden.

Vor dieses Problem gestellt, schlägt Robertz (vgl. 2004, S. 61) folgende Tatmerkmale vor, die erfüllt sein müssen, um Gewalthandlungen an Schulen unter dem Begriff School-Shooting behandeln zu können: Die Täter müssen

a) Jugendliche sein, die einen direkten Bezug zu der Schule aufweisen, an der sie Amok laufen;
b) ihre Handlung muss so angelegt sein, dass eine Tötungsabsicht eindeutig feststellbar ist;
c) bei der Tat müssen Waffen eingesetzt werden, die zur Tötung von Menschen geeignet sind, und
d) der Täter muss seine Opfer nicht nur wegen ihrer Person, sondern auch aufgrund ihres Symbolcharakters oder ihrer Funktion (als Lehrer, Schüler, Sportler etc.) gewählt haben.

Robertz folgt hier im Wesentlichen der Definition einer im Jahre 1999 ins Leben gerufenen Untersuchung des Secret Service, deren Ergebnisse 2002 in einer Studie zusammengefasst wurden. Demnach handelt es sich bei einem School-Shooting um

> »any incident where (i) a current student or recent former student attacked someone at his or her school with lethal means (e.g., a gun or knife); and (ii) where the student attacker purposelly chose his or her school as the location of the attack. Consistent with this definition, incidents where the school was chosen simply as a site of opportunity, such as incidents that where solely related to gang or drug trade activity or to a violent interaction between individuals that just happened to occur at the school, were not included« (Vossekuil et al. 2002, S. 7).

Tötungsdelikte, die sich nur zufällig in der Schule ereignen, fallen demnach nicht unter den Begriff School-Shooting. Allerdings ließen sich auch hierzu Grenzfälle auffinden, nämlich immer dann, wenn lediglich eine

Person von dem Täter attackiert worden ist. Robertz (vgl. 2004, S. 70) deutet etwa den Mord an einer 44-jähringen Lehrerin in Meißen durch einen 15-jährigen Schüler im Jahre 1999 als School-Shooting. Nach seiner Festnahme gab der Täter allerdings zu Protokoll, er habe die Lehrerin gehasst und sie deswegen getötet, was eher auf einen interpersonellen Konflikt hindeuten würde. Warum aber tötete er die Lehrerin vor den Augen seiner Mitschüler? Wäre es nicht einfacher für ihn gewesen, ihr nach der Schule aufzulauern und sie so ohne mögliche Zeugen zu beseitigen? Dies führt zu einem weiteren Kriterium eines School-Shootings: Die Schule wird von den Tätern nicht nur deswegen als Tatort gewählt, weil sich hier die jeweiligen Opfer aufhalten, sondern auch, weil die Schule den Tätern eine öffentliche Bühne bietet, auf der sie ihre Tat demonstrativ zur Schau stellen können. Symbolcharakter haben also nicht nur die Opfer, sondern auch der Tatort.

Phänomenologie

Will man sich mit einem sozialen Phänomen auseinandersetzen, ist es zunächst einmal notwendig, dieses Phänomen näher zu umschreiben. Zentrale Merkmale (Häufigkeit/sozialer Raum) müssen bestimmt und die wesentlichen Handlungsakteure benannt werden, um zu einem annähernd einheitlichen Bild zu gelangen. Dies ist Ziel des vorliegenden Kapitels. Gleichwohl sich, wie aufzuzeigen sein wird, kein einheitliches Profil des typischen School-Shooters ergibt, lassen sich aus den in verschiedenen Studien gesammelten Daten doch zumindest verallgemeinerbare Merkmale in Bezug auf Täter, Tatverhalten und Tatort bestimmen, die zum Verständnis des Phänomens School-Shooting unabdingbar sind.[1] In einem nächsten Schritt sollen kurz verschiedene Erklärungsversuche von Amokläufen an Schulen skizziert werden, um dem Leser einen ersten Überblick über den gegenwärtigen Forschungsstand zu geben. Sodann wird aufgezeigt werden, weshalb es sinnvoll ist, School-Shootings als

---

1 Im Folgenden möchte ich mich vor allem auf drei Studien über School-Shootings beziehen, die jeweils mit denselben – nur im Umfang von einander abweichenden Daten – arbeiten. Zuvorderst zu nennen wäre diesbezüglich die Studie von Robertz (2004), in der sich eine ausführliche Auflistung aller bis zum Erscheinungsdatum ereigneten School-Shootings finden lässt. Eine Erweiterung dazu – ohne Angaben zu Täter und Tatort – findet sich bei Robertz/Wickenhäuser (2007, S. 14). Die Studie des Secret Service (2002) unter Anleitung von Bryan Vossekuil umfasst 37, lediglich mit dem Tatort ausgewiesene Fälle zwischen 1974–2000. Newman et al. (2004) behandeln in ihrer Studie 29 Fälle aus den Jahren 1974–2002. Auch findet sich darin ein Vergleich ihrer Studie mit der des Secret Service.

eigenständiges Phänomen zu diskutieren und nicht im Kontext jugendlicher Tötungsdelinquenz im Allgemeinen.

Die Tat

School-Shootings sind ein Phänomen überschaubarer Größe. In den Jahren 1974–2006[2] haben sich lediglich 99 (vgl. Robertz/Wickenhäuser 2007, S. 22) derartige Gewalthandlungen an Schulen zugetragen. Allerdings hat ihre Häufigkeit seit ihrem ersten Auftreten im Jahre 1974 stark zugenommen. Während in der 70er Jahren lediglich 7 Fälle von School-Shootings beobachtet wurden und in den 80er Jahren lediglich 10, steigt ihre Zahl in den 90ern rapide auf 35 Fälle an, wobei 55% (19 Fälle) davon sich über die Jahre 1997–1999 verteilen. Für den Zeitraum 2000–2002 ist nochmals ein Wachstum auf insgesamt 23 Fälle zu beobachten. Seitdem ist ihre Zahl leicht rückläufig, bewegt sich allerdings immer noch auf einem recht hohen Niveau von ca. 6–7 Fällen pro Jahr (vgl. Robertz 2004, S. 78).

Waren School-Shootings bis Ende der 90er Jahre mit Ausnahme von zwei kanadischen Fällen ein ausschließlich US-amerikanisches Phänomen, so treten sie seitdem auch in anderen westlichen Ländern wie Deutschland, Großbritannien oder Finnland auf. Im Vergleich zu den USA ist ihre Häufigkeit hier jedoch wesentlich seltener und bewegt sich im Rahmen von 1 (Schweden) bis 6 (Kanada) bzw. 8 (Deutschland) Fällen (vgl. Robertz/Wickenhäuser 2007, S. 17). Durchschnittlich werden pro School-Shooting 1,3 Menschen getötet und 3,2 Menschen verletzt, wobei es mitunter extreme Ausreißer mit mehr als zehn Toten gab, die sämtliche aber nach dem Amoklauf von Littleton im April 1999 stattfanden.[3]

---

2 Übereinstimmend kommen die in Fußnote 1 genannten Studien zu dem Ergebnis, dass das erste School-Shooting 1974 in Olean, USA, stattgefunden hat. Ob schon vor diesem Jahr School-Shootings stattgefunden haben, kann im Rahmen dieser Arbeit nicht überprüft werden. Auch nicht, ob School-Shootings auch außerhalb des westlichen Kulturkreises verübt werden.

3 Diese Zahlen beziehen sich bis einschließlich 2006. Der bis dato schlimmste Amoklauf an einer Schule oder Hochschule im April 2007 an der Technischen Universität von Blacksburg durch den Koreaner Cho Seung-Hui ist nicht enthalten. Allein dieses School-Shooting würde die durchschnittliche Tötungsrate um 0,32 Punkte ansteigen lassen.

Die Opfer waren jeweils zu einem Drittel ausschließlich Lehrer oder ausschließlich Schüler. Bei einem weiteren Drittel waren beide Gruppen Opfer der Attacken. In Einzelfällen wurden auch Familienangehörige angegriffen und getötet (vgl. Robertz 2004, S. 76f.). Die Mehrzahl aller School-Shootings findet in ländlichen Gegenden (60%) oder Vorstädten (32%) statt. Lediglich 8% wurden in Städten oder Großstädten durchgeführt (vgl. Newman et al. 2004, S. 234). Diese Zahl ist insofern beachtenswert, da Adler in seiner Studie (vgl. 2000, S. 58) zu dem Ergebnis kommt, dass knapp 75% aller Amoktaten in Städten durchgeführt werden, sodass diesbezüglich von einem gravierenden Unterschied zwischen Amokläufen und School-Shootings ausgegangen werden müsste. Städte im Sinne Adlers allerdings sind Ortschaften ab einer Einwohnerzahl von 10.000. In diesem Sinne wären auch die Amokläufe von Littleton (40.000 Einwohner) und Emsdetten (35.000 Einwohner) in einem städtischen Milieu anzusiedeln, was zumindest fragwürdig erscheint.[4]

Robertz (vgl. 2004, S. 80) konnte herausarbeiten, dass die meisten Amokläufe in den Monaten von März bis April und Oktober bis Dezember verübt wurden. Daraus zieht er den Schluss, School-Shootings träten vermehrt »in der besonders problematischen Vorzeugniszeit auf« (ebd., S. 79). Eine Studie des Landeskriminalamtes Nordrhein-Westfalen (vgl. 2007, S. 3) deutet diesen Umstand jedoch anders. So sei das gehäufte Auftreten von School-Shootings im Frühling und Herbst weniger stark abhängig vom Verlauf des Schuljahres, denn vielmehr auf Nachahmungstaten im Gefolge besonders medienwirksamer und opferreicher School-Shootings zurückzuführen. Eine Studie über 143 Amokläufe aus den Jahren 1993–2001 fand diesbezüglich heraus, dass »44% der Amokläufe innerhalb einer Frist von zehn Tagen nach einer vorausgehenden Tat, von der in den Medien berichtet wird« (Hermanutz/Kersten 2003, S. 103), stattfinden, was ebenfalls auf starke Nachahmungseffekte hindeuten würde.

---

4 Tatsächlich lässt sich nur schwer festlegen, ab welcher Einwohnerzahl eine Siedlung als Stadt zu bezeichnen ist. Dennoch wird eine »Stadt« wie Emsdetten kulturell und sozial wenig mit Großstädten wie Berlin gemein haben und diesbezüglich eher noch dörflich strukturiert sein.

In 88% aller Fälle wurden Schusswaffen benutzt, oft legten die Täter auch ganze Waffenarsenale an, die jedoch zumeist nicht zum Einsatz kamen (vgl. Robertz 2004, S. 76). 59% aller Amokläufe fanden während der Unterrichtszeit statt. Der Amoklauf selbst dauerte zumeist nicht länger als eine Viertelstunde, 27% waren gar schon nach 5 Minuten vorbei (vgl. Vossekuil et al. 2002, S. 28). Gleichwohl Einsatzkräfte der Polizei zumeist schnell am Tatort waren, wurde die Mehrzahl aller School-Shootings nicht durch die Polizei beendet. 32% der Täter konnten durch das Schulpersonal oder Mitschüler überwältigt werden, 22% beendeten ihren Amoklauf ohne Fremdeinwirkung, 13% begingen im Anschluss ihrer Tat Selbstmord (vgl. ebd.). Robertz (2004, S. 77) kommt demgegenüber zu einer leicht höheren Selbstmordrate von 20%. Kein einziger Amokläufer kam durch Fremdeinwirkung zu Tode.

Übereinstimmend kommen die verschiedenen Studien über School-Shootings zu dem Ergebnis, dass fast alle Taten über einen längeren Zeitraum hinweg geplant werden. Indizien hierfür sind, inwieweit und wie sich die Täter Zugang zu Waffen verschafft haben, ob sie den Lauf ihres Gewehres abgesägt haben, um ihre Waffen besser verstecken zu können, als wichtigsten Punkt aber, ob sie prädeliktisch Angaben zu ihrem Vorhaben anderen gegenüber gemacht haben. Letzteres trifft auf 81% aller untersuchten Fälle zu (vgl. Vossekuil et al. 2002, S. 25).

Die Täter

Die Taten wurden zu 97% von Einzeltätern begangen (vgl. Robertz 2004, S. 76). Die Täter waren fast ausschließlich männlich (95%), mehrheitlich weiß (76%) (vgl. Vossekuil et al. 2002, S. 19) und im Durchschnitt 15,6 Jahre alt. 63% kamen aus Familien mit zwei Elternteilen, 21% waren Scheidungskinder, 5% wuchsen in Pflegefamilien oder Heimen auf (vgl. ebd.). Der familiäre Hintergrund weist damit – zumindest strukturell – keinerlei Besonderheiten auf. Die Schichtzugehörigkeit der Eltern ist bisher wenig untersucht worden. Es scheint sich aber der Eindruck zu bestätigen, School-Shootings seien eher ein Problem der Mittelschichten als der Unter- oder Oberschicht.[5]

Fast alle School-Shooter waren zum Tatzeitpunkt Schüler (95%) der Schule, an der sie Amok liefen. Ihre schulischen Leistungen waren zumeist durchschnittlich bis überdurchschnittlich und nur in Ausnahmefällen schlecht. Auch kurz vor der Tat ließ sich kein merkliches Absinken ihrer schulischen Leistungen beobachten (vgl. ebd., S. 20). Generell können School-Shooter als eher unauffällige Schüler beschrieben werden. So gerieten etwa 63% niemals in ernsthafte Schwierigkeiten mit der Schulordnung, 27% wurden zumindest einmal gemaßregelt, 10% mindestens einmal vom Unterricht suspendiert (vgl. ebd.). Allerdings waren in 93% aller Fälle die Polizei, das Schulpersonal, Mitschüler oder die Eltern besorgt über das Verhalten der School-Shooter kurz vor Begehung der Tat (vgl. ebd., S. 24). Dieser hohe Wert könnte jedoch auf einem »Rückschaufehler« (Hermanutz/Kersten 2003, S. 104) basieren. So werden nach schweren Unglücken, Katastrophen und Gewalttaten oftmals Verhaltensweisen und Auffälligkeiten, die diesen Ereignissen vorangehen, in ihrer Bedeutung überbewertet, um dadurch dieses Ereignis für sich selbst verständlich zu machen.

In vielen Fällen allerdings hat es Anzeichen für eine gesteigerte Gewaltbereitschaft oder sonstige besorgniserregende Auffälligkeiten gegeben. Je nach Studie fertigten zwischen 37% und 44% (vgl. Newman et al. 2004, S. 255) gewalttätige Schriften und Essays an und 59% (vgl. Vossekuil et al. 2002, S. 22) zeigten ein besonderes Interesse an gewalthaltigen Medienprodukten. Auch hatte eine Mehrheit von 63% vor ihrem Amoklauf bereits Erfahrungen mit Waffen gesammelt und 44% wurden vom Secret Service (vgl. ebd., S. 27) gar als Waffennarren eingestuft. Einen direkten Zugang zu Waffen besaßen 85% (vgl. Newman et al. 2004, S. 260). Trotz ihres jugendlichen Alters hatte also die überwiegende Mehrheit aller Täter kaum Schwierigkeiten, an die Tatwaffen heranzukommen.

Bezüglich psychischer Erkrankungen muss zwischen prä- und postdeliktischen Diagnosen unterschieden werden. So wurden lediglich

---

5 Ein weiteres Indiz dafür wäre der Tatort: Die meisten School-Shootings fanden nicht in »Problemvierteln« oder an »Problemschulen« statt.

17 % vor ihrer Tat als psychisch krank oder belastet eingestuft, aber 52 % danach (vgl. Newman et al. 2004, S. 243). Diese doch recht hohe Diskrepanz wird vor allem auf zwei Faktoren zurückzuführen sein: Zum einen wurde die psychische Verfassung der späteren Amokläufer nur in wenigen Fällen prädeliktisch erfasst, was nicht bedeuten muss, dass sie zum Tatzeitpunkt nicht doch an einer Geisteskrankheit gelitten haben könnten. Zweitens wäre denkbar, dass der relativ hohe Prozentsatz diagnostizierter psychischer Erkrankungen nach dem Amoklauf auf eine Strategie der Strafverteidigung zurückzuführen ist, kann doch die Diagnose »psychisch krank« sich mildernd auf das Urteil auswirken, sodass die Verteidigung ein explizites Interesse an einer derartigen Diagnose haben wird.

Demgegenüber eindeutig erweisen sich die Angaben bezüglich Depressionen und suizidaler Tendenzen. Der Studie des Secret Service (2002, S. 22) zu Folge besaßen vor der Tat etwa vier von fünf Amokläufern Selbstmordgedanken oder hatten bereits einen Selbstmordversuch hinter sich. Newman et al. (vgl. 2004, S. 243) kommen sogar auf einen Prozentsatz von 100 %, die unter ernsthaften Depressionen zu leiden hatten. Dieser hohe Wert ist wohl vor allem Resultat lang anhaltender Kränkungen und mangelnder Anerkennung durch das soziale Umfeld. So liegt der Anteil derjenigen, die regelmäßig Opfer von Schikanierungen und Spott waren, bei 75 %. Und auch wenn lediglich zwischen 11 % und 26 % Einzelgänger waren, so genoss, Newman et al. (vgl. ebd.) zu Folge, nicht ein einziger ein hohes Ansehen bei seinen Mitschülern. Im Gegenteil waren fast alle Außenseiter in ihrem sozialen Umfeld und selbst diejenigen, die über einen festen Freundeskreis verfügten, waren in aller Regel selbst dort marginalisiert. Auch wenn sie nicht gänzlich isoliert gewesen sein mögen, befanden sich School-Shooter zum Tatzeitpunkt also doch am Rande des gesellschaftlichen Lebens.

Andererseits waren häufig (44 %) Mitschüler in irgendeiner Art und Weise in den Amoklauf involviert. Entweder ganz direkt, indem sie dem späteren Täter die Waffe besorgt haben oder gar Angaben dazu machten, wann das »primäre Ziel« ihres Amoklaufs wo anzutreffen sei; oder indirekt, indem sie seine Drohungen nicht ernst nahmen und er sich so aufgefordert sah, zu handeln (vgl. Vossekuil et al. 2002, S. 26).

In 98 % aller Fälle gingen den Taten Konflikte voraus, die, so der Secret

Service (ebd., S. 23), die Täter nicht zu bewältigen wussten. Diese Konflikte waren vor allem Verlusterfahrungen im Bereich sozialer Status und Anerkennung. Inwieweit diese Konflikte die Depressionen verursacht haben könnten oder die Depressionen dafür verantwortlich zu machen sind, dass sie nicht gewaltlos gelöst werden konnten, geht aus der Studie nicht hervor. Auch bleibt offen, wann diese Konflikte stattgefunden haben und inwiefern sie tatauslösend gewirkt haben könnten. Robertz (2004, S. 246) spricht diesbezüglich zwar von unmittelbar der Tat vorangehenden Niederlagen, bei denen »es sich oftmals um den Verlust des letzten subjektiven Bandes an die Gesellschaft handelt.« Allerdings vergehen mitunter Monate, bis es zur Tatumsetzung kommt.

Schließlich werden in der Studie des Secret Service (vgl. 2002, S. 24) auch Angaben zu den Motiven der Täter gemacht. Diese schwanken zwischen Rachegelüsten und Hassgefühlen auf der einen, dem Wunsch nach Selbst-Vernichtung, Berühmtheit und Anerkennung auf der anderen Seite, wobei oftmals multiple Gründe angenommen werden. Inwieweit diese Motive auf eine direkte Zeugenaussage zurückzuführen sind oder durch Interpretationen des Verhaltens vor und während der Tat erschlossen wurden, geht aus der Studie nicht hervor.

Die Ursachen

Erst seit dem Amoklauf an der Columbine High School in Littleton im April 1999 werden School-Shootings in der Forschung als eigenständiges Phänomen behandelt. Die hier angebotenen Erklärungen greifen zumeist auf sozialpsychologische Modelle zurück, aber auch gesellschaftstheoretische Arbeiten lassen sich diesbezüglich finden. Übereinstimmend kommen die unterschiedlichen Studien zu dem Ergebnis, School-Shootings könnten nicht monokausal erklärt werden. Vielmehr wird von einem breiten Komplex von Einflussfaktoren ausgegangen, die jeweils unterschiedlich stark gewichtet werden.

Wohl am heftigsten debattiert wird der Zusammenhang zwischen dem Konsum von gewalthaltigen Medienprodukten und gewalttätigem Verhalten (vgl. hierzu Eichner 2003; Mikos 2003; Robertz 2004, S. 196–201; Robertz/Wickenhäuser 2007, S. 49–70). Insbesondere die sogenannten

Killerspiele oder *Ego-Shooter*, aber auch Bands wie *Slipknot* und *Marylin Manson* sowie Filme wie *Natural Born Killers* und *Predator* stehen nach verheerenden Amokläufen immer wieder in der Kritik der Öffentlichkeit. Die unterstellten Gefahren, die von derartigen Medienprodukten ausgingen, bewegen sich im Bereich Abstumpfung/Verrohung bzw. dem Abbau von Hemmungen sowie einem allgemeinen Verstärkungseffekt bereits vorhandener Gewaltfantasien oder einer Imitation vorher konsumierter Gewaltdarstellungen.

Bezüglich handlungsanregender Wirkung wird häufig auf eine falsche Berichterstattung über vorangegangene School-Shootings verwiesen (vgl. Robertz 2004, S. 196–201; Robertz/Wickenhäuser 2007, S. 91–106; Robertz 2007). Durch romantisierende und heroisierende Darstellung des Amokläufers und der genauen Schilderung seines gewaltsamen Todes werde der Eindruck erweckt, ein Amoklauf sei etwas Grandioses, etwas Einzigartiges, ja sogar eine Möglichkeit, berühmt zu werden. Der enorme Zuwachs an Amokläufen Ende der 90er Jahre sei nach dieser Interpretation vor allem auf Nachahmungseffekte zurückzuführen. In der Tat berufen sich viele School-Shooter in Abschiedsbriefen und -videos auf andere Amokläufer, wobei dem Amoklauf an der Columbine High School hier eine Sonderrolle beizumessen ist.

Als mittelbarer Bedingungsfaktor wird häufig ein leichter Zugang zu Schusswaffen angeführt (vgl. Blumstein 2002, S. 836ff.; Newman et al. 2004, S. 259ff.). Hierbei wird argumentiert, dass jemand erst dann zum Amokläufer werde, wenn ihm die Möglichkeit dazu gegeben werde. Gestützt wird diese These über die Tatsache, dass in den USA – einem Land, in dem Schusswaffen weit verbreitet sind – am meisten School-Shootings stattgefunden haben. Allerdings muss dann die Frage erlaubt sein, weshalb School-Shootings ein kulturspezifisch westliches Phänomen sind und Amokläufe an Schule nicht auch in anderen Regionen der Erde, in denen ähnlich viele Waffen im Umlauf sind, verübt werden.

Mit Ausnahme von Adler (2000) suchen die meisten Autoren die Gründe für Amoktaten weniger in einer psychischen Erkrankung der Täter. Viele allerdings sehen in der psychischen Verfassung der Täter einen wichtigen Faktor für die Entstehung und Durchführung der Tat. Ausgehend von der Tatsache, dass es sich bei den Tätern um leicht kränkbare Menschen mit einem geringen Selbstwertgefühl handelt, wird im

Allgemeinen eine psychische Instabilität oder Disposition angenommen, die sich im Bereich Narzissmus/Depression (Eisenberg 2000; Eisenberg 2002; Newman et al. 2004, S. 242ff.; Robertz 2004, S. 206–210; Robertz/ Wickenhäuser 2007, S. 103–106) bis hin zum Vorliegen schizoid-paranoider Episoden bewegt. Bezüglich letzteren spricht Robertz (2004) etwa von einem Abdriften in Nebenrealitäten, einem zunehmenden Auflösungsprozess der Grenzen zwischen Realität und Fiktion bis hin zu einer gestörten Realitätswahrnehmung.

Dass unterschiedlichste Kränkungen im privaten und schulischen Umfeld diese psychologischen Vorbelastungen auslösen können, scheint breiter Konsens. So gelten weithin langandauernde Erfahrungen der Demütigung, des Anerkennungsverlustes, der Niederlage sowie der umfassenden sozialen Exklusion als eigentliches Tatmotiv. Für die Entstehung einer derartig konflikthaften Situation und der gewalttätigen Reaktion der Täter darauf wird auf einer Mesoebene auf Fehlleistungen der Sozialisationsinstanzen Schule und Familie verwiesen (Eisenberg 2000; Eisenberg 2002; Huisken 2002; Huisken 2007; Kahl 2003; Waldrich 2007). So hätten es viele Eltern versäumt, ihre Kinder mit ausreichenden Bewältigungsstrategien auszustatten. Oft wird ihnen auch ein mangelndes Interesse an den Problemen/dem Leben ihrer Kinder unterstellt. Lehrer müssen sich häufig den gleichen Vorwurf gefallen lassen. Allerdings richten sich diese Vorwürfe mehr gegen die Schule als Institution, denn gegen ihre einzelnen Repräsentanten. So wird vermehrt kritisiert, die Schule beschränke sich mehr und mehr auf ihre Funktion der Wissensvermittlung. Die Förderung emotionaler und sozialer Kompetenzen träte dagegen in den Hintergrund.

Makrostrukturell wird die Debatte um School-Shooter vor allem im Kontext eines allgemeinen Werte- und Normenzerfalls sowie einer Verrohung des zwischenmenschlichen Miteinanders geführt (vgl. hierzu kritisch Beyer 2004). Darüber hinaus werden von vielen Autoren auch gesellschaftskritische (Huisken 2002; Huisken 2007; Waldrich 2007) Thesen mit ins Spiel gebracht. So geht Eisenberg (2000, 2002) beispielsweise davon aus, die Wandlungsprozesse im Zuge des neoliberalen Umbaus der Gesellschaft hätten zu einer Ausweitung des Konkurrenzprinzips auf den Bereich des Privaten und einer zunehmenden Verbetrieblichung zwischenmenschlicher Beziehungen geführt. Durch die Anforderungen des flexiblen Kapitalismus würden stabile, langanhaltende libidinöse Objektbeziehungen aufgelöst, was der Entwicklung einer eigenständigen Identität entgegenarbeite. Die Zunahme von Amokläufen an Schulen sei letztlich auf derartige Prozesse zurückzuführen.

School-Shootings und jugendliche Tötungsdelinquenz im Vergleich

Häufigkeit und Tatort

School-Shootings haben in den letzten Jahren in ihrer Häufigkeit einen enormen Zuwachs erfahren. Auch hat ihr Schweregrad seit ihrem ersten Auftreten erheblich zugenommen. Demgegenüber erweist sich die Zahl allgemeiner Tötungsdelikte durch Jugendliche seit Mitte der 90er Jahre des letzten Jahrhunderts als rückläufig. So begingen etwa 1993 in den USA noch wesentlich mehr Jugendliche im Alter zwischen 14 bis 17 und 18 bis 24 Jahren Tötungsdelikte (Totschlag/Mord) als 2005. Auch wurden 1993 wesentlich mehr Jugendliche Opfer von Tötungsdelikten als im Jahr 2005 (vgl. http://www.ojp.usdoj.gov/bjs/homicide/tables/vagetab.htm, Stand: 16. Juni 2008). Zunächst kann also festgehalten werden, dass es sich beim Phänomen School-Shooting um eine Unterform jugendlicher Tötungsdelinquenz handelt, die gegen den allgemeinen Trend zunimmt.

Ein weiterer Unterschied ergibt sich aus der Tatsache, dass School-Shootings, wie weiter oben deutlich gemacht, vornehmlich in ländlichen Gegenden oder Vororten auftreten, wohingegen jugendliche Tötungsdelinquenz oder Tötungsdelinquenz im Allgemeinen eher ein städtisches Phänomen ist (vgl. http://www.ojp.usdoj.gov/bjs/homicide/city.htm, Stand: 4. Juni 2008). Während School-Shootings vor allem ein Problem der Mittelschicht zu sein scheinen, sind es im Allgemeinen eher Kinder und Jugendliche aus der Unterschicht, die zu Tätern wie zu Opfern von jugendlicher Tötungsdelinquenz werden.

Der mit Abstand prägnanteste Unterschied zwischen School-Shootings und jugendlicher Tötungsdelinquenz lässt sich aus dem Umstand folgern, dass bis auf wenige Ausnahmen Schulen niemals zu dem Ort werden, an dem Jugendliche zu Tode kommen. Selbst für das Schuljahr 1992/1993, in dem mit 57 Suiziden, Unfällen oder Morden am meisten gewaltsame Todesfälle in US-amerikanischen Schulen seit den letzten fünfzehn Jahren registriert wurden (vgl. http://www.ojp.usdoj.gov/bjs/pub/pdf/iscs04st.pdf, Stand: 4. Juni 2008, S. 61), fällt dieser Wert im Vergleich zu der Gesamtzahl kaum ins Gewicht. Im gleichen Zeitraum sind allein 3.583 Jugendliche und Kinder im Alter von 5–19 Jahren durch ein Gewaltverbrechen getötet worden, 2.199 haben sich außerhalb der Schule das Leben genommen (vgl. ebd.). Mögen die Medien auch ein anderes Bild vermitteln – die Schule ist gewiss einer der sichersten Orte, an dem sich ein Jugendlicher aufhalten kann.[6]

Bezüglich Häufigkeit und Tatort lassen sich folglich gravierende Unterschiede zwischen School-Shootings und jugendlicher Tötungsdelinquenz im Allgemeinen feststellen. Diese Unterschiede machen es sinnvoll, School-Shootings als eigenständiges Phänomen zu diskutieren.

Täter und Tatmotiv

Während sich bezüglich des Geschlechtes kaum Unterschiede ergeben zwischen School-Shootern und jugendlichen Mördern, so werden letztere doch vor allem von ethnischen Minderheiten (Schwarze und Hispanics) verübt (vgl. http://www.ojp.usdoj.gov/bjs/homicide/race.htm, 4. Juni 2008), wohingegen School-Shooter mehrheitlich weiß sind. Dies allerdings muss nicht notwendigerweise auf eine Besonderheit von School-Shootings verweisen, gibt es doch nicht wenige Ausnahmen, bei denen die Täter einer ethnischen Minderheit angehörten. Bezüglich des familiären Hintergrunds muss demgegenüber festgehalten werden, dass vor allem Jugendliche aus zerrütten, disfunktionalen Familienverhältnissen Tötungsdelikte begehen, was für School-Shooter so nicht festgestellt werden kann. So weist ihr familiärer Hintergrund kaum Auffälligkeiten auf.

---

6 Newman (vgl. 2004, S. 49f.) beziffert die Wahrscheinlichkeit, in der Schule zu Tode zu kommen auf 1:2.000.000. Die Wahrscheinlichkeit in der Nachbarschaft getötet zu werden, geht zwar ebenfalls gegen Null, liegt aber um ein Vierzigfaches höher.

Auch hinsichtlich des prädeliktischen Verhaltens lassen sich gravierende Unterschiede feststellen. Jugendliche Mörder gelten weithin bereits vor ihrer Tat als gewaltbereit oder wurden mit einem derartigen Label versehen. Oft wird diesbezüglich der Terminus »Gewaltkarriere« benutzt, der Mord als Endpunkt eines Prozesses einer sich allmählich verstärkenden Gewaltbereitschaft beschreibt. Demgegenüber waren School-Shooter vor ihrer Tat nicht als besonders gewaltbereit bekannt. Im Gegenteil: es ist ein spezifisches Merkmal eines School-Shootings, dass niemand den Gewaltausbruch hat kommen sehen und niemand von den Tätern angenommen hätte, dass sie Amok laufen könnten.[7] Newman et al. (vgl. 2004, S. 55) sprechen diesbezüglich davon, dass jugendliche Gewalttäter (in Städten) mit ihrem Handeln ihr Label bestätigen, wohingegen School-Shooter mit ihrem Handeln versuchen, ihr Label zu durchbrechen.

Ein weiterer Unterschied ergibt sich für Newman et al. (ebd., S. 55f.) aus der Täter-Opfer-Beziehung. School-Shooter wählten ihre Opfer zumeist willkürlich oder aufgrund ihres Symbolcharakters, und nicht, um sich an einer ganz bestimmten Person zu rächen. Demgegenüber entstünden jugendliche Tötungsdelikte oftmals infolge einer eskalierenden Täter-Opfer-Interaktion oder im Rahmen eines anderen Verbrechens, wobei Drogen- und Bandenkriminalität hierbei sicherlich die größte Rolle spielen dürfte. Jugendliche Tötungsdelikte sind also zumeist emotional bedingt – in diesem Zusammenhang wäre auch der hohe Anteil von Alkohol- und Drogenintoxikationen zum Tatzeitpunkt zu nennen – oder Ausdruck instrumenteller Gewalt, die dem Zweck dient, Konflikte zu lösen. Zwar trifft letzteres auch auf School-Shootings zu, doch geht es den Tätern vor allem um die Expressivität ihrer Handlung. School-Shooter töten nicht, um ein ganz bestimmtes Problem zu lösen, sondern – und dies vorweg – um Aufmerksamkeit und Aufsehen zu erregen. School-Shootings sind hochintentionale Akte der Selbstpräsen-

---

7 Weiter unten wird aufzuzeigen sein, dass School-Shooter in ihrem prädeliktischen Verhalten keineswegs so unauffällig sind wie gemeinhin angenommen wird. Tatsächlich lassen sich in vielen Fällen Auffälligkeiten feststellen, was in Anbetracht der Tatsache, dass die späteren Täter nicht einfach »ausrasten« kaum verwundern kann. Freilich deuten diese »Warnsignale« nicht auf einen bevorstehenden Amoklauf hin.

tation, was sich etwa am postdeliktischen Verhalten der Täter ablesen lässt. Nur die wenigsten Täter sind vom Tatort geflohen oder haben versucht, mögliche Zeugen aus dem Weg zu räumen. Im Gegensatz zu den meisten jugendlichen Mördern haben School-Shooter kein Interesse daran, ihre Identität zu verschleiern. Sie wollen gesehen werden, sie wollen, dass das, was sie getan haben, bekannt und mit ihrer Person in Verbindung gebracht wird. Freilich wird auch ein nicht geringer Prozentsatz jugendlicher Tötungsdelinquenz Anteile von Expressivität enthalten. So können viele Gewalthandlungen als Inszenierungen der Täter gedeutet werden, die dem Zweck dienen, durch Brüskierung einer imaginierten Öffentlichkeit den sozialen Status innerhalb einer Gruppe zu verbessern. Öffentlich bekannt gemacht wird ihre Tat allerdings nur innerhalb jener Gruppe, deren Anerkennung und Respekt sich der Täter durch sein Handeln zu verdienen sucht. Gegenüber Außenstehenden, vor allem gegenüber der Polizei, wird eine Tatbeteiligung zumeist geleugnet oder zumindest doch der Versuch unternommen, eine Tatbeteiligung zu verheimlichen.[8]

Schließlich unterscheiden sich School-Shooter von jugendlichen Mördern in ihrer Stellung zum eigenen Tod. Ein nicht geringer Anteil von 20% aller School-Shooter begeht im Anschluss an ihre Tat Selbstmord, ein erheblich höherer Anteil von knapp 4/5 ist suizidal. Dies kann für jugendliche Mörder im Allgemeinen nicht festgestellt werden. Zwar lässt sich oftmals während der Tat ein riskantes, zuweilen auch lebensgefährliches Verhalten beobachten, doch nur wenige führen den eigenen Tod willentlich herbei oder verhalten sich so, als ob dies ihre Intention wäre.

Die nächste Ebene

Sowohl sozial als auch individuell ergeben sich starke Unterschiede zwischen School-Shootings und jugendlicher Tötungsdelinquenz im Allgemeinen. Zwar lassen sich auch bei jugendlichen Mördern fallspe-

---

[8] Zu den unterschiedlichen Rechtfertigungsstrategien und Neutralisierungstechniken, die Täter anwenden, vgl. Lamnek 2002.

zifische Unterschiede herausarbeiten – rechtsradikal motivierte Gewalt unterscheidet sich maßgeblich von einem Raubmord oder einem Mord mit sexuellem Hintergrund – jedoch fallen School-Shooter, was ihren familiären wie sozialen Hintergrund sowie ihr prä- wie postdeliktisches Verhalten betrifft, weitestgehend aus den üblichen Erklärungsmodellen für jugendliche Gewalt heraus.

Die zentralen Merkmale eines School-Shootings lassen sich wie folgt zusammenfassen: Die *Tat* wird an einer Schule durchgeführt, zu der die Täter einen direkten Bezug besitzen. Diese Schule befindet sich in einer Kleinstadt oder in ländlichen Gegenden. Die Häufigkeit von School-Shootings hat seit ihrem ersten Auftreten stark zugenommen. Auch lassen sich bestimmte Cluster um besonders medienwirksame Taten erkennen. Die *Täter* sind männlich und befinden sich zum Tatzeitpunkt in einer sozialen Randposition. Sie sind depressiv bis suizidal und machen kurz vor der Tat eine Erfahrung des Verlustes und der Niederlage. Sie verfügen über einen Zugang zu Schusswaffen und haben in der Regel bereits vor ihrer Tat Erfahrungen mit Waffen gesammelt. Auch zeigen viele ein intensives Interesse an gewalthaltigen Medienprodukten. In der Regel planen die Täter ihre Tat über einen längeren Zeitraum hinweg und machen häufig anderen gegenüber Anspielungen. Im Nachhinein streiten sie weder eine Tatbeteiligung ab, noch zeigen sie ein Interesse daran, ihre Identität vor anderen geheim zu halten. Ausgehend von diesen Merkmalen soll im Folgenden der Versuch unternommen werden, die möglichen Gründe von Amokläufen an Schulen zu bestimmen.

School-Shootings aus soziologischer Perspektive
Schule und Schulenhass

Gewalt in der Schule ist eine Ausnahmeerscheinung. Sicherlich gibt es des Öfteren kleinere Auseinanderstezungen zwischen Schülern. Dass sie sich dabei ernsthaft verletzen, ist allerdings eher selten. Schulen sind – allen öffentlichen Dramatisierungswellen à la Rütlischule zum Trotz – kein Kriegsschauplatz, sondern bilden immer noch einen der sichersten Orte, an denen sich ein Jugendlicher aufhalten kann. Umso verwunderlicher ist es, dass ausgerechnet an diesem Ort Jugendliche Amok laufen. Deshalb stellt sich zunächst einmal die Frage: Warum gerade dort? Welche Erfahrungen haben School-Shooter an ihren Schulen gemacht? Wodurch ist ein derartiger Hass in ihnen aufgekommen und warum ist es nicht gelungen, die späteren Täter von ihrem Plan abzuhalten? Diese Fragen sollen im Folgenden behandelt werden.

Der Selektionsdruck der Schule

Die Funktion der Schule ist eine doppelte. Einerseits wird ihr die Aufgabe zuteil, gesellschaftlich relevantes Wissen zu vermitteln sowie soziale Kompetenzen zu fördern und weiter auszubauen. Gesellschaftlich gültige Normen und Werte (Pünktlichkeit, Aufmerksamkeit, Disziplin und Respekt) sollen in der Schule erlernt, soziale Rollen und Verhaltensmuster erprobt und einstudiert werden. Ziel ist die Erziehung der Schüler zu selbstständigen und autonomen, die geltenden Normen und Werte achtenden Mitgliedern der Gesellschaft. Zum anderen fungiert die

Schule wesentlich als »Transformationsriemen sozialer Ungleichheiten« (Matt 2005, S. 351). Über den Selektionsmechanismus der Notenvergabe findet frühzeitig eine soziale Positionierung statt, über das Vorenthalten von Bildungszertifikaten werden zukünftige Marginalisierungs- und Ausschließungsprozesse vorweggenommen. Schule bewegt sich im Spannungsfeld zwischen Integration und Exklusion (vgl. Matt 2007, S. 130).

Mit zunehmender Bedeutung von Bildungsabschlüssen für den Zugang zum Arbeitsmarkt steigt die Bedrohung, die von schulischen Misserfolgen ausgeht. »Keine schulische Qualifikation zu besitzen bedeutet die Gefahr des sozialen Ausschlusses« (ebd., S. 126), von Desintegration und einer Reduktion von Lebenschancen. Ausgehend von der Tatsache, dass School-Shooter sich zum Tatzeitpunkt in einer Situation weitestgehender sozialer Exklusion befanden, stellt sich die Frage, ob schulisches Versagen als Grund für ihren Ausschluss in Frage kommt und insofern auch für ihren späteren Amoklauf von Bedeutung sein könnte.

School-Shooter waren, wie aufgezeigt, zumeist durchschnittlich bis überdurchschnittlich gute Schüler und können nur in Ausnahmefällen als »Schulversager« beschrieben werden. Cho Seung-Hui galt etwa in der Grundschule als außergewöhnlich guter Schüler, der seinen Mitschülern als positives Beispiel präsentiert wurde. Luke Woodham (1997) wurde von seinen Lehrern als überdurchschnittlich intelligent eingeschätzt, Kip Kinkels Leistungen verbesserten sich in den Monaten vor seinem Amoklauf und Scott Pennington (1993) war zum Zeitpunkt seines Amoklaufs einer der besten Schüler seiner Klasse. Nichts scheint also darauf hinzudeuten, dass schulisches Versagen ein Grund für ein School-Shooting sein könnte. Doch gibt es auch den Fall des Robert Steinhäuser, in dessen Schullaufbahn sich Misserfolg an Misserfolg reiht. Schon in der Grundschule waren Steinhäusers Leistungen allenfalls guter Durchschnitt, sodass seine damaligen Lehrer ihn für die Realschule empfahlen. Nachdem er auf Wunsch seiner Eltern nach der fünften Klasse auf das Gutenberg-Gymnasium in Erfurt gewechselt war, verschlechterten sich seine Noten zusehends. Im Juni 1999 versuchte er, schulintern seinen Realschulabschluss zu machen, was ihm jedoch nicht gelang. Im Glauben, seine Noten dadurch verbessern zu können, wechselte er im September desselben Jahres sein Hauptfach. Auch dieser

Versuch blieb jedoch ohne Erfolg. Daraufhin entschloss sich Steinhäuser dazu, das elfte Schuljahr zu wiederholen. Zwar verbesserten sich seine Noten zum Halbjahreszeugnis ein wenig, jedoch stand er am Ende des elften Schuljahres nach einem erneut sehr schlechten Zeugnis wieder mit leeren Händen da. Schließlich beendete Steinhäuser die Schule nach seinem Rauswurf im Oktober 2001 ohne einen Abschluss und mit einem Zeugnis, das fünf Mal die Note mangelhaft enthielt. Ein derartiger Endpunkt einer »Schulkarriere« lässt sicherlich wenig Hoffnung für die Zukunft entstehen. Vielleicht wäre Steinhäuser nicht ins gesellschaftliche Abseits geraten, aber ohne die Ressource Bildung ausgestattet, d.h. ohne offiziell beglaubigten Nachweis von Bildung, musste er damit rechnen, von einer vollständigen Partizipation am gesellschaftlichen Leben ausgeschlossen zu bleiben.

Seine Tat legt Zeugnis davon ab, wen er für seine soziale Randposition verantwortlich macht: Nicht er selbst ist daran schuld, dass man ihn der Schule verwiesen hat und dass er den schulischen Anforderungen nicht gewachsen war. Es waren seine Lehrer, die ihn ein ums andere Mal haben durchfallen lassen und damit in seinen Augen sein Leben ruiniert haben. Gleiches lässt sich für den 22-jährigen Adam Labus (2002) behaupten. Nachdem ihm sein Arbeitgeber gekündigt hatte, tötete er einige Tage nach seiner Entlassung seinen ehemaligen Vorgesetzten und einen weiteren Mitarbeiter der Firma. Dann fuhr er zu seiner früheren Schule. Dort erkundigte er sich nach seinem ehemaligen Informatik-Lehrer Herbert L., der ihn einige Jahre zuvor aufgrund mangelhafter schulischer Leistungen der Schule verwiesen hatte. Als man ihm mitteilte, dass dieser nicht anwesend sei, tötete Labus den Schuldirektor und schoss einem weiteren Lehrer ins Gesicht, bevor er sich selbst umbrachte. Auch Labus richtete seinen Hass also gegen diejenigen, die er für sein schulisches und berufliches Scheitern verantwortlich machte. Ähnlich liest sich die Lebensgeschichte Eric Houstons (1992): Auch er verlor kurz vor der Tat seinen Job, auch er besaß keinen Abschluss, auch er machte seine ehemaligen Lehrer dafür verantwortlich, dass in seinem Leben alles schief lief. Jamie Rouse (1995) schoss, nachdem eine Lehrerin seine schulischen Leistungen als mangelhaft bewertet hatte, in eine Gruppe von Lehrern, tötete einen Lehrer und eine Schülerin, die ins Schussfeld hineingelaufen war (vgl. Robertz 2004, S. 66). Schließlich haben wir den Fall des bereits erwähnten Scott Pennington. Zwar war er einer der besten Schüler seiner Klasse, als seine Lehrerin jedoch einen Aufsatz von ihm mit befriedigend bewertet hatte, stürmte er mit einem Revolver bewaffnet in das Klassenzimmer, erschoss sie sowie einen herbeieilenden Verwaltungsbeamten. Anschließend hielt er seine Mitschüler 40 Minuten lang als Geiseln und ergab sich dann der Polizei. Auch wenn Pennington objektiv betrachtet nicht fürchten musste, durch diese Note ins gesellschaftliche Abseits zu geraten, erlebte er offenbar dennoch die Benotung durch die Lehrerin als tiefgreifende Kränkung.

Weniger die Situation der sozialen Exklusion, die über die Vorenthaltung von Bildungszertifikaten hergestellt wird, scheint also – so verdeutlicht der Fall Pennington – ein Bedingungsfaktor für ein School-Shooting zu sein.[1] Mehr als das muss die subjektive Bewertung dieser Situation als ungerecht durch die Täter gewichtet werden. Nicht der Schulverweis oder die schlechte Note ist die eigentliche Ursache ihrer Rachegelüste, sondern das Gefühl, von den Lehrern ungerecht behandelt worden zu sein. Dies verweist auf ein generelles Problem der Selektionsanstalt Schule: Die Ein- und Aussortierung in »gute« und »schlechte« Schüler sollte idealerweise über das Leistungsprinzip geschehen. Denn »solange die Einschränkung der Lebenschancen als selbst produziert akzeptiert werden, entsteht kein Protest« (Matt 2007, S. 134). Darin folgt die Schule der Idee eines gerechten Leistungssystems, das sozialen Ausschluss über den Weg der Verantwortungsverlagerung als selbstverschuldet legitimiert. Doch ist eine leistungsgerechte Selektion durch die Schule Ideologie. Die Leistungsbewertung erfolgt nicht nach objektiven Kriterien. Lehrer neigen etwa bei der Notenvergabe zu einer Normalverteilung, d. h. unabhängig davon, welche Leistung erbracht wurde, wird der Notenspiegel wenige sehr gute und wenige sehr schlechte, dafür aber umso mehr gute bis ausreichende Noten enthalten. Zudem besitzen

---

[1] Nur am Rande sei darauf hingewiesen, dass im selben Jahr, in dem Robert Steinhäuser Amok lief, knapp 100.000 deutsche Schüler die Schule ohne Abschluss beendet haben (vgl. Kahl 2003, S. 19). Auch daran wird deutlich, dass es wenig sinnvoll ist, mangelhafte schulische Leistungen als *alleinige* Ursache für ein School-Shooting heranzuziehen. Allerdings ist auffällig, dass im Gegensatz zu US-amerikanischen Fällen in sechs von acht deutschen Fällen schulisches Versagen eine Rolle gespielt haben könnte, dass zumindest die späteren Täter schlechte Schüler gewesen sind.

auch Lehrer implizite, d.h. ihnen kaum bewusste, Devianztheorien, die bei der Leistungsbewertung der Schüler eine Rolle spielen. Lamnek konnte nachweisen, dass Kinder aus bildungsfernen Schichten schneller und häufiger mit dem Etikett »Schulversager« belegt werden als Akademikerkinder (vgl. Lamnek 1985, S. 148). Diese Erwartungshaltung der Lehrer kann zu einer sich selbst erfüllenden Prophezeiung werden: Da man von einem »Schulversager« implizit annimmt, er müsste eine schlechte Note schreiben, wird seine Leistung selbst dann schlechter bewertet als diejenige eines »guten« Schülers, wenn beide gleichwertig sind. Um das eigene Vorurteil zu bestätigen, wird also so gehandelt, wie es das Vorurteil verlangt. Dementsprechend ist es für »Schulversager« wesentlich schwieriger, sich von ihrem Stigma zu befreien. Im Gegenteil kann die fortwährende Erfahrung des Misserfolges das Selbstbewusstsein eines Schülers derart schwächen, dass er schließlich das ihm zugewiesene Etikett für sich übernimmt und seine zugewiesene soziale Positionierung als unabwendbares Schicksal akzeptiert. Rückzug, Selbstaufgabe und Resignation werden dann sehr wahrscheinlich.

Eine andere Möglichkeit, auf diese Situation zu reagieren, lässt sich bei Robert Steinhäuser beobachten. Zunächst bewegte er sich mit seinem Verhalten noch innerhalb gesellschaftlich akzeptierter Bahnen. Um seine missliche Situation zu verbessern, versuchte er, schulintern seinen Realschulabschluss zu machen. Er wiederholte eine Klasse und wechselte sein Leistungsfach. Erst nachdem all diese Mittel gescheitert waren, griff Steinhäuser zum Mittel der Täuschung, um doch noch sein Abitur bestehen zu können. Am 27. und 28. September fehlte Steinhäuser unentschuldigt und legte der Schule ein gefälschtes Attest vor. Sein Schwindel flog auf, ein Schulausschlussverfahren wurde einberufen, in dem Steinhäuser Gelegenheit gegeben wurde, sich zu rechtfertigen. Auf die Frage, weshalb er das Attest gefälscht habe, antwortete Steinhäuser, er hätte Angst davor gehabt, null Punkte in Geografie zu schreiben (vgl. Gasser et al. 2004, S. 17). Sein Täuschungsversuch ist also als Versuch zu werten, durch unlautere Mittel (Unterschriftenfälschung) ein Ziel (Abitur) zu erreichen, das sowohl für den beruflichen Werdegang als auch für das eigene Selbstwertgefühl von enormer Bedeutung ist.

Nach seinem Rauswurf allerdings scheint er von diesem Ziel gänzlich abgerückt zu sein. Nur halbherzig unternahm er den Versuch, die Schule zu wechseln. Angebote des Schulamtes von Schulen, die ihn aufnehmen würden, wurden von ihm nicht mehr wahrgenommen. Stattdessen bereitete er sich von diesem Zeitpunkt an intensiv auf seinen Amoklauf vor. Noch am Tag seines Rauswurfs hob Steinhäuser von seinem Konto 800 DM ab, womit er sich später die Tatwaffe kaufte. Um seine Eltern nicht misstrauisch werden zu lassen, legte er ihnen an Weihnachten ein gefälschtes Zeugnis vor. Jeden Morgen verließ er mit Rucksack sein Elternhaus und ließ seine Eltern im Glauben, er würde zur Schule gehen. Stattdessen saß er den Vormittag über in einem Cafe oder schlenderte in der Erfurter Innenstadt herum.

Jedoch wird Steinhäuser nicht allein deswegen diese Täuschungsmanöver unternommen haben, um zu verhindern, dass Freunde und Eltern von seinen Plänen erfahren. Zugleich stellt dieses Verhalten einen Versuch dar, die soziale Identität vor dem Stigma des Schulversagers und seinen negativen Implikationen (mangelnde Intelligenz) zu schützen. Denn schlimmer noch als das Versagen selbst ist nur, dass andere davon wissen und man von ihnen so behandelt wird, als ob man dafür selbst verantwortlich sei, was auf die Ideologie der leistungsgerechten Selektion zurückzuführen ist. Steinhäuser täuschte seine Mitmenschen, um sein Stigma vor anderen geheim zu halten, bis er schließlich just an jenem Tag, von dem an sein Schwindel nicht mehr aufrecht zu erhalten wäre, Amok lief. Damit offenbarte er zwar vor anderen sein Stigma, nicht aber ohne dieses als ungerechtes Urteil über sich abzustoßen. Dass er damit nicht gewartet hat, bis sein Schwindel tatsächlich innerhalb der Öffentlichkeit (Familie/Freunde) bekannt geworden wäre, liegt an der Symbolkraft des Datums selbst – dem Tag der ersten Abiturprüfung. Die Möglichkeit, das zu erreichen, was er sich für sein eigenes Leben erhofft hatte, wurde an diesem Tag anderen – nicht ihm – zuteil: die Möglichkeit, unter Beweis zu stellen, dass er kein »Verlierer« ist, sondern für die Gesellschaft einen Wert besitzt und damit auch ein Anrecht auf ein glückliches Leben hat. Robert Steinhäuser griff am 26. April 2002 genau jene an, die ihm dieses Recht in seinen Augen genommen hatten, stellvertretend damit auch jene Gesellschaft, die ihn als minderwertig und unbrauchbar aussortiert hatte. Sein Selbstmord im Anschluss an die Tat zeugt davon, dass er die ihm bescheinigte Überflüssigkeit schließlich für sich akzeptiert und die radikalste Konsequenz gezogen hat, die das

Konkurrenz- und Leistungssystem kennt: die Beseitigung all jener, die der Gesellschaft zur Last fallen.

Auch Eric Houston folgt mit seinem Verhalten diesem Prinzip. Zwar hat er sich im Anschluss an seine Tat nicht das Leben genommen, jedoch soll er während der Geiselnahme gesagt haben, »that he didn't expect to make it out alive – either that he'd kill himself or that police would shoot him« (Sullivan/Guerette, z. n. Newman et al. 2004, S. 248). Der bereits erwähnte Adam Labus sprengte sich in die Luft, nachdem er sich an jenen gerächt hatte, die er für sein gescheitertes Leben verantwortlich machte. Michael W. (2000) tötete, nachdem man ihn von der Schule geworfen hatte, den Internatsleiter Rainer G. und schoss sich anschließend in den Kopf. Auch Bastian Bosse (2006) nahm sich im Anschluss an seine Tat das Leben. Zwar besaß er, anders als Steinhäuser und Houston, einen (Real-)Schulabschluss, doch musste auch er in seinem Leben die Erfahrung machen, dass er als Gesellschaftsmitglied nicht viel an Wert besitzt. »Das einzige, was ich in der Schule beigebracht bekommen habe war, das ich ein Verlierer bin«[2], schreibt er etwa in seinem Abschiedsbrief. Zwar bezieht er sich mit dieser Aussage mehr auf das Verhältnis zu seinen Mitschülern, auf das an anderer Stelle noch ausführlich einzugehen sein wird, doch dürften auch schulische Misserfolge maßgeblichen Anteil an der Entstehung dieses negativen Selbstbildes gehabt haben. Im Juni 2004 berichtet er in einem Beratungsforum, welche Folgen sich aus der Wiederholung des 7. und des 8. Schuljahres für ihn ergeben hatten:

> »... wo soll ich anfangen ... vielleicht im 7. Schuljahr: Ich war in eine Klasse, in der ich 3 gute Freunde hatte. Ich bin pappen geblieben.
> Dann kam ich in eine andere Klasse, wo die Leute schon was besser waren als vorher. Mit der Klasse machte ich das 7. und das 8. Schuljahr. Im 8. blieb ich wieder pappen.
> In der Klasse in der ich jetzt bin ist es einfach scheisse.
> Die Kinder sind zur Hälfte kindisch oder Halbstark.«

---

2 Alle Selbstauskünfte der Täter wurden unverändert, d. h. mit Grammatik- und Rechtschreibfehlern sowie Texthervorhebungen, aus den Quellentexten übernommen. Die Links zu den zitierten Internetquellen finden sich im Literaturverzeichnis.

Die öffentliche Stigmatisierung als leistungsschwacher Schüler, die ein Nicht-versetzt-Werden impliziert, muss, wie aus der Aussage Bastian Bosses hervorgeht, sich nicht unbedingt negativ auf das Verhältnis zu den Mitschülern auswirken. Sie kann jedoch massive Unterlegenheitsgefühle auslösen und dies auf gleich doppelte Weise: Nicht nur wird damit dem Schüler bescheinigt, seine intellektuellen Fähigkeiten erfüllten nicht den allgemeinen Standard. Auch geht damit eine Degradierung bezüglich des persönlichen Reifungsgrades einher, was auch Bastian Bosse so empfunden hat, wie aus seinem Online-Tagebuch hervorgeht:

> »Ich habe keine Lust mehr mit denen was zu machen ... meine Fresse, was zwei Jahre Altersunterschied doch ausmachen können. Ich will mich nicht mehr mit ihren pubertären Problemen auseinandersetzen, will nicht der Idiot sein, will alleine sein.«

Was ihm nach dem ersten Sitzenbleiben noch gelungen war, scheint ihm nach dem zweiten Mal, bedingt durch das unterschiedliche Entwicklungsstadium, nicht mehr geglückt zu sein: die Integration in den Klassenverbund. Gepaart mit schulischen Misserfolgen führte dies zu einer erheblichen Schulunlust und Resignation, abzulesen etwa am folgenden Dialog zwischen Bastian Bosse und seiner Religionslehrerin:

> »LEHRER: Gibt es einen besonderen Grund warum du nicht lesen möchtest?
> RESISX[3]: Nein, ich möchte einfach nicht ...
> LEHRER: Also Arbeitsverweigerung?
> RESISX: ... Ja.
> LEHRER: Möchtest du das ich dir eine 6 aufschreibe?
> RESISX: ... Ja, geben sie mir eine 6.
> LEHRER: Du weisst das auch so eine 6 die Versetzung gefährden kann oder?
> RESISX: Ist mir egal, schreiben sie's auf!

---

3 Bastian Bosse trat im Internet unter dem Namen ResistantX auf.

LEHRER: Seit wann ist dir das egal Bastian?
RESISX: ... Seit 2 Minuten (KA warum ich das gesagt habe ...)
LEHRER: Das ist nicht Lustig Bastian!
RESISX: Ich weiss, deswegen lache ich auch nicht!
LEHRER ...
Ja, also so wie ich die Frau kenne schreibt sie mir keine 6 auf, aber auch wenn, ist jetzt auch egal!« (Online-Tagebuch)

Obwohl Bastian Bosse die Schulaufgabe erledigt hat, weigert er sich den Beweis der Leistungserfüllung zu erbringen. Die hier zur Schau gestellte Gleichgültigkeit lässt vermuten, dass Bastian Bosse die ihm aufgezwungene Rolle als Schulversager für sich akzeptiert und ausgefüllt hat. Zugleich bildet es eine Neutralisierungstechnik, um das Stigma »Schulversager« und seine negativen Implikationen nicht in das eigene Identitätsbild aufnehmen zu müssen. Wenn es einem gleich ist, welche Note man bekommt, kann man im Falle des Scheiterns immer noch behaupten, dass man sich nicht bemüht habe und dass man, wenn man sich bemüht hätte, tatsächlich ein viel besseres Ergebnis erzielt haben würde. Schließlich lässt sich damit auch die eigene Unabhängigkeit von den Meinungen anderer unter Beweis stellen. Demonstrative Arbeitsverweigerung in der Schule kann ein Mittel sein, Identität zu konstruieren und die eigene Individualität hervorzuheben. Das Autoritätsverhältnis zwischen Lehrer und Schüler wird so aufgelöst; dem Lehrer wird das Recht abgesprochen, die eigene Leistung zu bewerten und damit letztlich den weiteren Lebensweg mitzubestimmen. In Abgrenzung zur Schule und dem dort herrschenden Leistungs- und Wertesystem wird eine Gegen-Identität aufgebaut, allerdings mit der Konsequenz, dem eigenen Identitätsbild gemäß handeln zu müssen, um es vor anderen aufrechterhalten zu können. Damit wiederum wird dem Lehrer eine Rechtfertigungsgrundlage geliefert, soziale Ausschließungsprozesse durch Disziplinarmaßnahmen weiter zu forcieren. Dies weist auf einen weiteren Aspekt der Schule hin, der bei der Frage, weshalb Jugendliche an ihren Schulen Amok laufen, von Bedeutung sein könnte: die Schule in ihrer Funktion als Erziehungsanstalt.

Soziale Kontrolle durch die Schule

Die Schule ist nicht nur eine Institution, die Bildungszertifikate verleiht oder vorenthält und damit Arbeitsmarktchancen definiert. Sie fungiert auch als norm- und wertvermittelnde Instanz. Die Sozialisation durch die Schule geschieht einerseits über die Vermittlung des Lernstoffes selbst. Das in der Schule vermittelte Wissen ist immer auch gesellschaftlich relevant und erwünscht. Nicht nur soll das so angeeignete Wissen dazu beitragen, Kinder und Jugendliche im Sinne des humanistischen Bildungsideals zu mündigen und selbstständigen Bürgern zu erziehen. Es dient auch dazu, die Akzeptanz des jeweils gültigen Normen- und Wertesystems durch deren Mitglieder zu befördern, damit die Integration der Jugendlichen in die Gesellschaft zu bewerkstelligen und zugleich dieses Normensystem über die Anerkennung durch die Jugendlichen zu reproduzieren. Um die Jugendlichen von der Sinnhaftigkeit und Gültigkeit bestimmter Normen zu überzeugen, reicht es allerdings nicht aus, diese Normen allein theoretisch zu vermitteln. Die Gültigkeit einer Norm muss notfalls auch praktisch durchgesetzt werden. Hierfür wird die Schule vom Staat mit verschiedenen Sanktionsmaßnahmen ausgestattet, die auf jene Schüler Anwendung finden, die sich im Verhältnis zur Normalität abweichend verhalten. Als abweichendes Verhalten in der Schule kann solches Handeln bezeichnet werden, das eine Nicht-Anerkennung der Autorität des Lehrkörpers/der Schulordnung – und damit die des Staates – beinhaltet. Darunter fällt das Stören des Unterrichts, Schwänzen, Schlägereien, Fälschen von Unterschriften etc. Die Schule reagiert auf Delinquenz mit Ermahnung, Zurechtweisung, Strafarbeiten, Nachsitzen, Suspendierung und – im schlimmsten Fall – mit einem Schulverweis. Die Schule ist demnach kein herrschaftsfreier Raum, sondern fungiert als soziale Kontrollinstanz, die anderen Kontrollinstanzen (Justiz/Polizei) vorgelagert ist.[4]

Generell neigen Lehrer dazu, Auffälligkeiten der Schüler als zu

---

[4] Allerdings werden nur in Ausnahmefällen höhere oder außenstehende Instanzen eingeschaltet, da dies als »Eingeständnis des Scheiterns im pädagogischen Bereich« (Matt 2007, S. 131) betrachtet werden könnte. »Die Schule erweist sich eher als ein geschlossenes System, welches seine Probleme allein und intern regelt« (ebd.).

unterbindende Störung aufzufassen und nicht als Anlass, sich mit dem Schüler auseinanderzusetzen (vgl. Matt 2007, S. 131). Devianz wird häufig schlicht auf persönliche Mängel (moralische Minderwertigkeit, Faulheit, Desinteresse) der als abweichend identifizierten Schüler zurückgeführt und nicht als Anlass genommen, sich mit dem Schüler und seiner individuellen Situation zu beschäftigen. Durch diese Unterstellung können die Disziplinarmaßnahmen gegen den Schüler moralisch abgesichert werden. Nun gilt bei der Durchsetzung der Schulordnung selbiges, was weiter oben bereits bezüglich der Schulleistung festgestellt worden ist: Wenn es gelingt, den Jugendlichen davon zu überzeugen, dass er sich falsch verhalten hat, wird er die Disziplinarmaßnahme gegen ihn als gerecht empfinden und keinen Protest üben. Dies allerdings setzt eine bewusste Auseinandersetzung mit dem Schüler voraus, ist also mit einem erheblichen Kraft- und Zeitaufwand für den Lehrer verbunden. Ohne diese Auseinandersetzung aber wird es für die einmal als abweichend identifizierten Schüler schwieriger, die gegen sie verhängten Strafmaßnahmen als sinnhaft und gerecht zu erfahren. Die bloße Bestrafung kann bei den Jugendlichen hingegen zur Ausbildung einer Protesthaltung führen und damit das Verhältnis zwischen Schule und Schüler noch verschlechter. Schlimmstenfalls entwickelt sich aus dem Gefühl, ungerechtfertigter Weise bestraft worden zu sein, eine, wie es die Etikettierungstheorien nennen, »deviante Identität«. Der in seinen Augen mehrfach zu Unrecht bestrafte Schüler unternimmt dann nicht einmal mehr den Versuch, sich den in der Schule geltenden Normen und Werten gemäß zu verhalten, und zieht hingegen aus der demonstrativen Ablehnung dieser Normen, aus dem Normbruch, Identität und Anerkennung. Damit bestätigt er wiederum das Bild, dass die Lehrer von ihm besitzen, sein sozialer Ausschluss, der über die Bestrafung bereits stattgefunden hat, erscheint legitim und kann über seine »Sekundärabweichung« moralisch abgesichert werden.[5] Ob eine derartige Entwicklung sich auch bei Amokläufern feststellen lässt, soll im Folgenden untersucht werden.

---

5 Der Begriff der sekundären Devianz bezeichnet in der Etikettierungstheorie ein Ablaufmodell typischer Handlungsweisen, das durch die Etikettierung eines bestimmten Verhaltens oder einer Person als Abweichender in Gang gesetzt wird. Dabei wird »die Etikettierung und Sanktionierung einer Verhaltensweise als deviant [...] zur

Im Allgemeinen gelten School-Shooter eher als unauffällige Schüler. Tatsächlich gerieten mehr als zwei Drittel niemals in einen ernsthaften Konflikt (Suspendierung/Schulverweis) mit der Schulordnung und lediglich ein Drittel war vor der Tat als gewaltbereit bekannt. In vielen Fällen allerdings gibt es Hinweise darauf, dass die späteren Täter Probleme damit hatten, die Autorität der Schule als solche anzuerkennen. In einigen Fällen können Auseinandersetzungen mit der Schulordnung/-disziplin im Sinne Adlers oder Lübberts als tatauslösender Konflikt interpretiert werden (vgl. dazu auch Robertz 2004). Kip Kinkel wurde, nachdem herausgekommen war, dass er eine Waffe von einem Bekannten gekauft hatte, einen Tag vor seinem Amoklauf vom Unterricht suspendiert. Gegen Eric Hainstock (2006) wurde einen Tag vor seinem Amoklauf eine Disziplinarmaßnahme verhängt, da er Tabak mit in die Schule gebracht hatte, was gegen die Schulordnung verstieß. Michael W. weigerte sich, eine ihm auferlegte Strafarbeit zu erledigen. Daraufhin warf ihn der Internatsleiter Rainer G. von der Schule. Am Tag darauf kehrte W. in die Schule zurück, tötete Rainer G. und schoss sich anschließend in den Kopf. Da er ein Attest gefälscht hatte, flog Robert Steinhäuser am 4. Oktober 2001 von seiner Schule. Noch am selben Tag hob er 800 DM von seinem Konto ab, mit dem er sich ein paar Tage später die Tatwaffe kaufte. Auch Toby Sincio (1995) handelte sich einen Tag vor seinem Amoklauf einen Schulverweis ein.

Offenbar hatten also viele der späteren Täter Schwierigkeiten damit, die gegen sie verhängten Disziplinarmaßnahmen als gerechte Bestrafung zu akzeptieren. Dies ist vor allem auf zwei sich gegenseitig bedingende Faktoren zurückzuführen. Zum einen ist, wie bereits erörtert, anzunehmen, dass ihre Lehrer es versäumt haben, sich mit den individuellen Problemen der auffällig gewordenen Schüler zu befassen. Der Fall Robert Steinhäuser kann hier als Musterbeispiel angeführt werden: Das Schulausschlussverfahren gegen ihn dauerte nur wenige Minuten und das

---

Grundlage von Typisierungen und Erwartungen gegenüber dem so Definierten, die es diesem unmöglich machen, sich in der Interaktion mit dem anderen so zu verhalten, als ob nichts geschehen wäre. Das Interaktionsfeld ist spezifisch verändert« (Keckeisen 1976, S. 38). Der Begriff der sekundären Devianz ist also »eine gelungene Anpassung der Selbstdefinition an die gesellschaftlich verhängte« (ebd., S. 39). Devianz wäre in diesem Sinne Produkt eines Definitionsprozesses.

einzige, was er von den Lehrern hier zu hören bekam, war, dass er sie tief enttäuscht habe (vgl. Gasser et al. 2004, S. 17f.). Ohne sich für ihn und seine Lage zu interessieren, wurde ihm eine moralische Minderwertigkeit attestiert, was das ohnehin stark beeinträchtigte Selbstwertgefühl des jungen Mannes weiter verunsichert haben dürfte. Auch lässt die Tatsache, dass die Direktorin seinen Namen falsch aussprach – sie nannte ihn Steinmann anstatt Steinhäuser (vgl. ebd.) – nicht gerade auf ein großes Interesse an der Person Steinhäuser schließen. Die Schule scheint sich hier jemandem entledigt zu haben, der ohnehin nur noch als überflüssig wahrgenommen wurde und, wenn überhaupt, dann nur noch als Störfaktor auffiel.[6] Ähnliches lässt sich für Michael W. behaupten, galt auch er doch bereits vor seinem Rauswurf als leistungsschwacher und gewaltbereiter Schüler. Immer wieder fiel er »durch Drohungen, Gewalttätigkeiten und Unflätigkeiten auf. So hielt er beispielsweise 1999 einem Mitschüler eine Gaspistole an den Kopf. Er beschimpfte Lehrer und Schulkameraden und wurde auch immer wieder handgreiflich« (Robertz/Wickenhäuser 2007, S. 119). Über Kip Kinkel wird berichtet, dass er knapp ein Jahr vor seinem Amoklauf kurzfristig vom Unterricht ausgeschlossen wurde, da er sich gegen den Angriff eines Schülers mit Gewalt gewehrt haben soll (vgl. http://www.pbs.org/wgbh/pages/frontline/shows/kinkel/kip/cron. html, Stand 27. Juni 2008).

Der zuletztgenannte Fall verweist auf einen zweiten Faktor, weshalb School-Shooter die gegen sie verhängten Disziplinarmaßnahmen als ungerecht empfunden haben könnten. Weniger kränkend für Kip Kinkel mag vielleicht die Tatsache gewesen sein, dass sein Verhalten geahndet wurde, denn vielmehr, dass jener Schüler, der ihn geschubst hatte, straflos

---

6 Diesbezüglich muss auch ein Vorfall erwähnt werden, der sich im März 2000 auf einer Klassenfahrt zutrug. Steinhäuser soll »an einem Abend […] (trotz Rauch- und Alkoholverbot) mit Havanna im Mundwinkel, einer kleiner Flasche Whiskey und Stetson auf dem Kopf mit dem Klassenkameraden und Freund C. im Bett sitzend angetroffen« worden sein. »Dabei tritt er dann in dandyhafter Weise dem Lehrer Li. entgegen und schießt spielerisch mit seinen Fingern aus der Hüfte auf ihn mit den Worten ›det-det-det-det … Dich erledige ich.‹ Dafür soll RS von den Lehrern einen schriftlichen Verweis bekommen haben« (Gasser et al. 2004, S. 13). Robert Steinhäuser war also nicht nur ein besonders schlechter Schüler, sondern war auch bereits vor seinem Rauswurf durch sein Verhalten negativ aufgefallen.

ausging. Die Gewalthandlung Kip Kinkels wurde so aus ihrem situativen Kontext herausgerissen, über die Bestrafung wurde ihm mitgeteilt, dass er grundsätzlich im Unrecht sei. Bei Toby Sincio liegt die Sachlage ähnlich, wurde er doch deswegen vom Unterricht suspendiert, da er den Spott seiner Mitschüler mit einer obszönen Geste beantwortet haben soll (vgl. Robertz 2004, S. 66). Aus Sicht des späteren Täters mag seine Suspendierung so als Belohnung derer erschienen sein, die ihn gedemütigt haben. So kann sich schließlich der Eindruck entwickeln, die Lehrer stünden aufseiten der Gegner, seien also ihm grundsätzlich feindlich gesinnt. Dies deckt sich mit der Tatsache, dass nur wenige Schüler auf die Attacken von Mitschülern Hilfe bei Lehrern gesucht haben. Selbst dort, wo sie es getan haben, wurden sie zumeist mit der Antwort abgespeist, sie sollten das alles nicht so ernst nehmen. Evan Ramsey (1997) etwa erteilten die Lehrer den Rat, den Spott seiner Mitschüler einfach zu ignorieren: »The response I got from all these people was to ignore it, it will go away. I get tired of people telling me it will get better« (z.n. Newman et al. 2004: 247). Über die Amokläufer von Littleton (1999) wird berichtet,

> »that Harris and Klebold had been the victims of a particularly humiliating incident in which they were surrounded in the cafeteria by other students who squirted ketchup, laughed at them, and called them ›faggots‹, and that teachers were present at that time but did nothing to intervene« (Owens/Erickson 2001, S. 91, Fußnote 204).

Ein derartiges Verhalten fordert nicht gerade dazu auf, bei Problemen die Hilfe von Lehrern zu suchen. Auch Bastian Bosse fühlte sich von seinen Lehrern im Stich gelassen. Über seine damalige Rektorin schreibt er in seinem Abschiedsbrief:

> »[…] niemals lässt sich dieses fette Stück Scheisse von Rektorin blicken, aber wenn Theater- auführungen sind, dann steht sie als erste mit einem breiten Grinsen auf der Bühne und präsentiert sich der Masse«.

Als seine Mitschüler ihm einen glühenden Fahrradschlüssel auf die Hand drückten, hätte »der Schulleiter zwar Anzeige erstattet. Das wars dann aber auch. Von den anderen Dinge wollte niemand was sehehn, oder sie hat niemand gesehen« (Online-Tagebuch). Das hier an den Tag gelegte Verhalten seiner Lehrer verweist auf ein strukturelles Problem der Schule: Lehrer greifen zumeist erst dann in einen Konflikt zwischen Schülern ein, wenn es zum Einsatz physischer Gewalt kommt, wenn also die Außenwahrnehmung der Schule durch das Verhalten der Schüler massiv bedroht wird. Verbale Gewalt wird demgegenüber als etwas Alltägliches betrachtet, etwas, dass nicht so schlimm ist oder gar als etwas, das die Opfer durch ihr Verhalten selbst provoziert hätten. Weder die Lehrer noch die Direktoren

> »thought of bullying or teasing as a signal of deep-rooted emotional distress. Repeated class disruption, fighting, a lack of friends, signs of physical or sexual abuse, or poor personal hygiene – these problems are red flag in most school districts. Being the victim of a bully is not« (Newman et al. 2004, S. 98).

Über Mitchell Johnson (1998) meinte ein Lehrer etwa folgendes:

> »Knowing Mitchell, I'm not sure what he did to get picked on. [laugh] ... [Mitchell was] known as a whine-bag. I mean in football he was always whining because the other kids were bullying him ... In my opinion, [Mitchell] was the bully« (z. n. Newman et al., S. 97).

Nicht nur konnten die späteren Täter keinerlei Unterstützung von Erwachsenen erwarten. Sie mussten sich darüber hinaus auch den Vorwurf gefallen lassen, sie selbst seien dafür verantwortlich, dass man sie erniedrigt und verspottet. Es ist die Ideologie, die Gescheiterten seien an ihrem Elend selbst schuld, die in derartigen Aussagen stets mitschwingt. Wer sozial schwach ist, der ist das auch moralisch und hat folglich kein Recht, sich zu beklagen.

Aufseiten der Täter führt diese Erfahrung schließlich zu der Erkenntnis, mit den Problemen allein fertig werden zu müssen und hierfür keinerlei Hilfe von anderen erwarten zu können. »I figured since the principal and the dean weren't doing anything, that was making any impression, that I gonna have to do something, or else I was gonna keep on getting picked on« (z. n. Robertz 2004, S. 181), sagt Evan

Ramsey etwa diesbezüglich vor Gericht aus. Dylan Klebold und Eric Harris drehten einige Monate vor ihrem Amoklauf im Rahmen eines Schulprojektes ein Video, in welchem sie diese Sicht bestätigen. Die beiden späteren Täter treten hier als Kopfgeldjäger (»Hitmen for hire«) auf, die gegen Geld ihre Dienste all jenen anbieten, die sich hilflos dem Spott ihrer Mitschüler ausgesetzt sehen. »All right«, sagt Harris darin zu seinem Mitschüler, »we'll protect you on school. Take away any bullies that are pickin' on you. Whatever.« Die Aufgabe der Lehrer, sie vor Angriffen anderer zu schützen, übernehmen School-Shooter schließlich selbst. Die Erfahrung des totalen Verlassenseins rechtfertigt in ihren Augen ihren Racheakt, als der ein School-Shooting letztlich gedeutet werden muss.

Dass sich die Lehrer nicht mit jedem Schüler in dem Maße beschäftigen können, wie er es vielleicht verdiente, liegt allerdings nicht nur an einem Mangel an Zeit und Energie oder gar an einem grundsätzlichen Desinteresse am Leben der Schüler. Das Unterlassen einer intensiven Auseinandersetzung mit einem wie auch immer auffällig gewordenen Schüler kann mithin auch rein rechtliche Gründe haben. Sicherlich wäre es sinnvoll gewesen, wenn Robert Steinhäusers Lehrer seine Eltern über seinen Rauswurf informiert hätten. So hätten seine Eltern in dieser Situation Robert Steinhäuser Halt und Sicherheit bieten und ihm vielleicht neuen Lebensmut geben können. Allerdings hätten seine Lehrer damit widerrechtlich in seine Privatsphäre eingegriffen, war er doch zum Zeitpunkt seines Schulverweises bereits volljährig. Die Schule besaß damit keine rechtliche Grundlage, seine Eltern zu informieren, und hat sich in diesem Sinne tatsächlich korrekt verhalten.[7] Newman et al. sprechen diesbezüglich von School-Shootings

---

[7] Ein ähnliches Ereignis lässt sich bei Cho Seung-Hui finden. Nachdem er seinem Zimmernachbarn per SMS mit Selbstmord gedroht hatte, informierte dieser die Uni-Polizei. Diese begleitete Cho zur psychiatrischen Abteilung des Universitätskrankenhauses, in das er sich freiwillig einweisen ließ. Die Ärzte stuften ihn als Gefahr für sich und für andere ein, konnten allerdings nicht verhindern, dass Cho sich nur einen Tag später wieder selbst entließ. Nach amerikanischem Recht ist es nicht gestattet, einen Menschen gegen seinen Willen in einer Nervenheilanstalt festzuhalten, sofern dieser sich freiwillig in diese begeben hat. Cho war es dadurch weiterhin erlaubt, eine Waffe zu kaufen, was bei einer Zwangseinweisung nicht der Fall gewesen wäre.

»as instances of organizational deviance, as failures of the system itself. Schools [...] practice structural secrecy; they ignore information that does not fit the operating paradigm, and they push toward the goals we ask them to accomplish – which blinds them to problems hiding under the surface« (Newman et al. 2004, S. 81).

Das Prinzip der Nichteinmischung in die Privatangelegenheiten der Schüler gewährt zwar einerseits die Aufrechterhaltung des Lehrbetriebs: Schon allein aus Zeitgründen kann sich ein Lehrer nicht mit jedem Schüler und seinen privaten Problemen in dem Maße befassen, dass daraus ein Vertrauensverhältnis zwischen Schüler und Lehrer entstehen könnte. Andererseits führt dies zu einer verminderten Bindung zwischen Lehrkörper und Schüler und damit im Sinne der sozialen Kontrolltheorie zu einer erhöhten Wahrscheinlichkeit, den eigenen devianten Neigungen nachzugeben.[8] Vielleicht hätte sich Kip Kinkels Lehrerin anders verhalten, wenn sie gewusst hätte, dass er Schusswaffen besaß. Vielleicht hätten auch Michael Carneals (1997) Lehrer seinen Aufsatz über Vergeltung anders eingeschätzt, hätten sie gewusst, dass er bereits vor seinem Amoklauf Schusswaffen mit in die Schule gebracht hatte. Auch die Lehrer von Klebold und Harris ahnten nichts vom Gewaltpotenzial dieser beiden Schüler – ganz im Gegenteil zu Klebolds Eltern: Noch bevor Medien und Polizei Verdächtige ausmachen konnten, rief Klebolds Vater bei der Polizei an und meinte, dass sein Sohn Dylan eventuell etwas mit dem Vorfall an der Columbine High School zu tun haben könnte. Daraus darf aber nicht der Vorwurf abgeleitet werden, sein Vater hätte den Amoklauf verhindern können. Zwar wussten seine Eltern davon, dass ihr Sohn zusammen mit Harris ein Radio aus einem Wagen gestohlen hatte und dass er Mitglied einer »Gang« mit dem Namen »Trench-Coat-Mafia« gewesen war. Über den alltäglichen Spott, den die beiden Täter in der

---

8 Travis Hirschi – der Begründer dieses devianztheoretischen Ansatzes – geht von dem Grundsatz aus, abweichendes Verhalten bilde nicht die Ausnahme, sondern die Regel. Die Menschen neigten grundsätzlich zu deviantem Verhalten und könnten nur durch »eine funktionsfähige Bindung an die Gesellschaft [dazu] veranlasst [werden], ihre eigenen Ziele innerhalb der gesellschaftlichen Normen zu suchen« (Robertz 2004, S. 126). Diese Bindung werde über eine umfassende soziale Kontrolle durch verschiedene Instanzen erzeugt und von diesen durchgesetzt.

Schule über sich ergehen lassen mussten, und was dieser in ihnen auslöste, ahnten sie jedoch nichts.

Weder die Schule noch die Eltern besaßen, so kann abschließend mit Newman et al. festgestellt werden, ein ganzheitliches Bild der späteren Täter. Jeder wusste etwas, doch keiner wusste alles. Informationen über die Täter, die postdeliktisch als Warnsignal gedeutet wurden, waren vorhanden. Nur lagen diese nicht gebündelt an einer einzigen Stelle vor. Ohnehin bewegten sich die späteren Täter in ihrem abweichenden Verhalten unterhalb der Schwelle, die es berechtigen würde, sie als auffällige Schüler zu kategorisieren (vgl. ebd., S. 104). Anzeichen, die Anlass zur Besorgnis hätten geben können, wurden entweder in ihrer Bedeutung unterschätzt oder bewusst ausgeblendet, da sie das Grundprinzip der Schule – die Aufrechterhaltung des Lehrbetriebes – nicht ernsthaft gefährdeten. In den Fällen, in denen dies der Fall war, wurden Verhaltensauffälligkeiten – ebenso wie mangelhafte schulische Leistungen – nicht als Anlass gedeutet, sich mit dem Schüler und seiner problematischen Situation auseinanderzusetzen, sondern als Störung des Schulbetriebes interpretiert und schlicht mit Verhängung von Disziplinarmaßnahmen geahndet. Darüber wurde den Schülern eine moralische Minderwertigkeit attestiert, die das ohnehin geringe Selbstwertgefühl der späteren Täter schwer getroffen und ihre Situation somit verschärft haben dürfte. Verstärkend kommt hinzu, dass viele School-Shooter sich von ihren Lehrern im Stich gelassen fühlten. So beklagen viele School-Shooter ein bewusstes oder unbewusstes Wegschauen, wenn es darum geht, sie vor dem Spott ihrer Mitschüler in Schutz zu nehmen. Erst diese Erfahrung rechtfertigt in den Augen der Täter den Akt der Selbstjustiz, als der ein School-Shooting letztendlich gedeutet werden kann.

Mitschüler

Das Verhältnis zur Schule ist nicht nur abhängig von der Beziehung zu den Lehrern oder davon, inwieweit es dem Schüler gelingt, dem dort herrschenden Leistungsdruck standzuhalten und mit seinem Verhalten dem in der Schule gültigen Normen- und Wertesystem zu entsprechen. Ob ein Jugendlicher gerne zur Schule geht oder nicht, hängt darüber hinaus maßgeblich von seinem Verhältnis zu seinen Mitschülern ab. »Die (perzipierte) Beurteilung, die man seitens der [...] Mitschüler erhält, trägt wesentlich zum Verhältnis gegenüber der Schule bei« (Lamnek 1985, S. 158). Jugendliche, die sich von ihren Mitschülern anerkannt und akzeptiert fühlen, werden weniger Schwierigkeiten damit haben, sich der Schulsituation auszusetzen als solche, bei denen dies nicht der Fall ist. Insbesondere während der Pubertät spielt die Beziehung zu Gleichaltrigen eine wichtige Rolle bei der Zuweisung von sozialem Status. Entwicklungsbedingt verfügen Jugendliche noch nicht über jene materiellen und kulturellen Ressourcen, die im späteren Leben über die Stellung im sozialen Gefüge entscheiden. Über eine positive Bestätigung durch die Peergroup kann diese Statusunsicherheit ausgeglichen werden. Während im Verhältnis zur Gesellschaft vor allem die schulischen Leistungen darüber entscheiden, wer zu den »Gewinnern« und wer zu den »Verlieren« gehört, so ist es unter Jugendlichen vor allem der Grad an Popularität, der über die soziale Positionierung Auskunft gibt. »›Popular‹ kids are the top of the heap in adolescent culture, and any understanding of how the hierarchy is expierenced by those who are outside this charmed circle must still begin with them« (Newman et al. 2004, S. 127). Durch welche Faktoren also kann »Popularität« hergestellt werden und inwiefern sind die späteren Täter von diesem Ideal abgewichen?

Mehr als für Erwachsene noch, die andere Mittel besitzen, um sich Anerkennung zu verschaffen, gilt für Jugendliche, in jeder Situation gut auszusehen und den Eindruck zu erwecken, zu den »Gewinnern« zu gehören. Äußerlichkeiten spielen eine wichtige Rolle im Leben junger Menschen: »Looks are paramount; it is virtually impossible to be a popular kid without being physical attractive« (ebd.). Wie in der übrigen Gesellschaft, so gilt auch in der Schule das Schönheitsideal des muskulösen, sportlichen Mannes bzw. der schlanken, gut gebauten jungen Frau. Statussymbole wie Klamotten, Autos und Handys sind ebenso von Bedeutung, verweisen mithin auf die Notwendigkeit, über die Ressource »Geld« zu verfügen. Auch wenn es während der Jugendphase zu einer trotzigen Ablehnung gesellschaftlich geltender Normen und Werte kommen mag, folgen Jugendliche damit im Wesentlichen doch den »cultural ideals that rule the rest of society« (ebd., S. 128).

Hierbei geht es vor allem um die Unterstreichung eigener Individualität. Es gilt, sich von der Masse abzuheben und damit Sichtbarkeit herzustellen. Sichtbarkeit, das heißt vor allem, in der Öffentlichkeit wahrgenommen zu werden und damit seinen Wert für die Gesellschaft unter Beweis stellen zu können. Die öffentliche Inszenierung des eigenen Selbst, die für das Bestehen auf dem Arbeitsmarkt Grundvoraussetzung ist, spielt also auch auf dem Schulhof bei der Verteilung sozialer Gratifikationen eine gewichtige Rolle. Vor allem im Bereich des Sports zeigt sich dies ganz deutlich: Mehr noch als an deutschen Schulen, bilden Sportveranstaltungen an US-amerikanischen High-Schools den Mittelpunkt des sozialen Lebens. So bieten die Sportarenen den Athleten eine öffentliche Bühne, auf der sie sich und ihren Wert darstellen können. Allein über die Zuschauer wird dem Wettkampf Bedeutung eingehaucht, der sich auf die Sportler überträgt. Über die Darstellung von Kampfgeist, Kraft und Vitalität bietet der Sport männlichen Jugendlichen die Möglichkeit, »Geschlecht zu bewerkstelligen«, und dies zu einem Zeitpunkt, wo sie sozial und ökonomisch noch nicht dazu in der Lage sind, dem traditionellen Männlichkeitsideal des Ernährers und Beschützers einer Familie nachzukommen.[9] Ihre sexuelle Anziehungskraft wird bewiesen über die Anfeuerungsrufe durch die weiblichen Cheerleader, die, dadurch, dass sie gleichsam im Rampenlicht stehen und Aufmerksamkeit bekommen, zumeist selbst an der Spitze der sozialen Pyramide stehen.

Bezeichnenderweise sind es gerade jene Menschen mit einem hohen sozialen Status, gegen die sich der Hass der School-Shooter richtet (vgl. Newman et al. 2004, S. 249). So bildeten vor allem »Jocks« (Athleten) das Primärziel der beiden Columbine-School-Shooter. Bevor sie damit anfingen, auf Menschen zu schießen, soll sich in der Schulbücherei folgende Szene zugetragen haben: »As they [Klebold und Harris] burst into the library, witnesses reported hearing the two demand that everyone get up, or that ›jocks‹ with white hats stand up« (Owens/Erickson 2001,

---

[9] Mit dem Begriff *Doing Gender* ist gemeint, »dass das Geschlecht in sozialen Situationen produziert und reproduziert wird, wobei Individuen ihr Geschlecht aktiv und eindeutig im Verhalten ausdrücken. Geschlechtliche Identität wird entsprechend in sozialen Praktiken erzeugt und entwickelt« (Dollinger/Raithel 2006, S. 135). Das soziale Geschlecht *(Gender)* ist demnach also eine soziale Konstruktion, wohingegen das biologische Geschlecht *(Sex)* angeboren ist.

S. 30).¹⁰ Doch wie ist dieser Hass gegen die »Oberschicht« der Schule zu Stande gekommen? Wie aufgezeigt, besaß nicht ein einziger der späteren Täter zum Tatzeitpunkt einen hohen sozialen Status. Auch wenn die meisten nicht unbedingt Einzelgänger waren, so befanden sie sich doch zumeist am Rande des gesellschaftlichen Lebens und fühlten sich von der übrigen Gesellschaft ausgegrenzt. Grund dafür dürften vor allem negative Erfahrungen mit Gleichaltrigen gewesen sein. So waren die meisten über Jahre hinweg öffentlichen Erniedrigungen und Demütigungen durch ihre Mitschüler ausgesetzt. Eric Harris schreibt dazu in seinem Tagebuch, dass »whatever I do people make fun of me, and sometimes directly to my face.« Viele wurden als »Freaks« oder »Loser« beschimpft, als »Braindeads« oder »Retards«. Über Michael Carneal wurde in der Schülerzeitung das Gerücht verbreitet, er sei homosexuell. Bastian Bosse wurde einige Jahre vor seinem Amoklauf ein glühender Fahrradschlüssel auf die Hand gedrückt, auf Barry Loukaitis (1996) wurde uriniert.¹¹ Unterschiedlichste Faktoren können herangezogen werden, um zu erklären, wie die späteren Täter in diese soziale Randposition hineingeraten sein könnten. Zuvorderst zu nennen wären diesbezüglich äußerliche »Makel«. So entsprachen viele Amokläufer allein von ihrem Aussehen her nicht dem körperlichen Idealbild. Michael Carneal war »small, slender, and burdened by the universal marker of the dweeb (glasses)« (Newman et al. 2004, S. 129); Andy Williams (2001) wurde von der Presse als »small, skinny or overweight, with glasses and sometimes acne« (ebd., S. 242) beschrieben. Robertz/Wickenhäuser (2007, S. 42) nennen Jeffrey Weise (2005) einen »eher grobschlächtig-schwergewichtigen Jungen«, eine Umschreibung, die auch für Robert Steinhäuser zutreffend wäre. Eric Harris schreibt im November 1998 in seinem Tagebuch: »Everyone is always making fun of me because of how I look, how fucking weak I am

---

10 Eine weiße Baseballmütze gilt in der Columbine High-School als Zeichen, dass man Mitglied im Schulsportverein ist. Über die Bedeutung des Sports an der Columbine High-School vgl. Newman et al. 2004, S. 138. Dazu auch in Brown/Merrit 2002, S. 61.
11 Eine umfangreiche Liste über die unterschiedlichen Formen physischer und psychischer Gewalt, denen die von ihr untersuchten 27 School-Shooter ausgesetzt waren, findet sich in Newman 2004, S. 310ff.

and shit.« Auch er fühlte sich also aufgrund seines Äußeren von seinen Mitschülern verspottet.

In einem seiner Abschiedsvideos benennt Harris einen zweiten Punkt, der bei der Frage, wie School-Shooter in die Position des Außenseiters hineingeraten sein könnten, von Bedeutung sein könnte.

> »Eric [...] complains about his father and how his family had to move five times. He says he always had to be the new kid in school, and was always at the bottom of the ›food chain‹ and had no chance to earn any respect from his peers as he always had to ›start out at the bottom of the ladder‹« (Harris/Klebold Basement Tapes).

Durch den häufigen Wohnortswechsel der Familie Harris konnte, so lässt sich aus obiger Aussage schließen, Eric Harris kaum längerfristige Bindungen zu Gleichaltrigen aufbauen. Er wurde also schlicht deswegen zum Außenseiter an der Columbine High School, da er als Zugezogener in keinen Freundeskreis hineingewachsen war, wie es üblicherweise bei Jugendlichen der Fall ist. Damit entbehrte er jener schützenden Funktion, die die Einbindung in eine Gruppe dem Einzelnen immer auch bietet. Als Einzelgänger exponierte er sich geradezu als Angriffsziel für seine Mitschüler, da diese über seine Erniedrigung relativ gefahrlos den eigenen sozialen Status erhöhen konnten. Die Demütigungen, die Harris an der Columbine High School ertragen musste, mögen dabei gar nicht so sehr gegen ihn als Person gerichtet gewesen sein. Sie könnten auch schlichtweg ein Versuch seiner Mitschüler gewesen sein, den eigenen sozialen Status durch Erniedrigung eines schwächeren Dritten zu erhöhen. Das Selbstbewusstsein von Harris wurde dadurch allerdings derart stark in Mitleidenschaft gezogen, dass er schließlich nicht einmal mehr den Versuch unternommen hat, sich zu integrieren, wie weiter oben auch am Beispiel Bastian Bosses deutlich gemacht werden konnte.

Im Falle Andy Williams liegt die Sachlage ähnlich. Geboren und aufgewachsen in Bundesstaat Maryland zog er zusammen mit seinem Vater 1999 nach Twentynine Palm, einem kleinen Ort in Kalifornien. War er zuvor ein relativ beliebter Schüler gewesen, der unterschiedliche Preise gewonnen und sich so einen gewissen Ruf an seiner Schule erarbeitet hatte, galt er in Twentynine Palm zunächst einmal als »Niemand«. Doch gelang es ihm früh, Anschluss zu finden und einen neuen Freundeskreis aufzubauen. Dann aber, im Frühling 2000, zog sein Vater erneut mit ihm um, nach Santee, Kalifornien. Dort soll sich Williams niemals voll akzeptiert gefühlt haben und regelmäßigem Spott seiner Mitschüler ausgesetzt gewesen sein (vgl. http://www.andyspeaks.com/biography.htm, Stand 18. Juni 2008). Die Vermutung liegt nahe, dass Williams aufgrund des häufigen Wohnortwechsels schließlich zu der Einsicht gelangte, es sei nicht der Mühe wert, sich zu integrieren, da er ja sowieso wieder würde umziehen müssen. Auch der Fall Cho Seung-Hui kann unter diesem Aspekt diskutiert werden. Im Alter von acht Jahren siedelte die Familie Seung-Hui aus Süd-Korea in die Vereinigten Staaten über. Zu anfangs noch aufgrund seines großen Wissens geachtet, verschlechterte sich sein Ansehen auf der Middle- und der High-School zusehends. Aufgrund seiner Hautfarbe, vor allem aber wegen seines Akzentes wurde er von seinen Mitschülern gehänselt und ausgelacht. Infolgedessen wurde er zunehmend schüchterner, schließlich verstummte er gänzlich, was den Spott seiner Mitschüler nur noch verstärkt haben dürfte.[12] So soll ihm auf der High-School angeblich Geld angeboten worden sein, um ihn zum Sprechen zu bewegen (vgl. Washington Post vom 21. April 2007, A01). Bei vielen School-Shootern findet sich wie bei Cho die Strategie, durch Isolation und Rückzug die eigene Situation zu verbessern. So schreibt Bastian Bosse etwa in seinem Online-Tagebuch:

> »Nun sitze ich hier, die Sonne brennt auf unser schwarzes Dach, und in meinem Zimmer ist es wie in der Hölle. [...] Ich mache mir Gedanken, überlege, was die anderen jetzt wohl machen; Meine Familie hat Besuch und sitzt unten im Garten, meine ›Freunde‹ sind wahrscheinlich im Freibad, ... das Freibad; Ein Ort an den ich schon lange nicht mehr gehe, ›zu öffentlich‹ mein Argument, will den Menschen aus dem Weg gehen, um nicht noch mehr Scheiß zu erleben.«

---

12 In der achten Klasse wurde bei Cho Seung-Hui eine Angststörung diagnostiziert. Daraufhin wurde er vom Arzt davon befreit, aktiv am Unterricht teilnehmen zu müssen. Auch diese »Vorzugsbehandlung« könnte sich negativ auf das Verhältnis zu seinen Mitschülern ausgewirkt haben.

Am 20. Mai 2006 schreibt Kimveer Gill im Onlineforum von Vampirefreaks: »Yes, Yes, let it rain ... Make it rain forever. Blue skies and sun make me physicall ill, I want the skies to be grey forever, [...].« Knapp drei Monate später findet sich ein Abschnitt, der seine Vorliebe für schlechtes Wetter erklären könnte:

>»It rained a couple days ago, i went for a walk in the rain [...] And it was deserted, every street, it looked like everyone had died. Cuz' there wasn't a person anywhere. Another reason i liked it. Lol. [...] I did see some people, but like 95% less population than regular« (Kimveer Gill Vampirefreaks).

Der freiwillige Rückzug aus dem sozialen Leben, der in obigen Ausführungen durchscheint, gründet sich in der Angst, in eine Situation zu geraten, die das ohnehin geschwächte Selbstwertgefühl weiter destabilisieren könnte. School-Shooter meiden den öffentlichen Raum aus Angst, erneut gekränkt zu werden. Dass viele der späteren Täter als stille Zeitgenossen beschrieben werden und selbst gegenüber den eigenen Eltern verstummen, liegt daran, dass sie befürchten etwas zu sagen, das die Aufmerksamkeit auf die eigene Person lenken könnte. Denn Aufmerksamkeit – das haben School-Shooter erfahren – heißt vor allem Kränkung, Niederlage und Erniedrigung. Durch ihren Rückzug aber nehmen sie sich die Möglichkeit, durch Aktivierung eines stützenden sozialen Netzwerkes ihre Außenseiterposition zu durchbrechen. Positive Erfahrungen, die das destabilisierte Selbstwertgefühl wieder aufbauen könnten, können so nicht mehr gemacht werden.

Im Sinne Goffmans kann darüber hinaus davon ausgegangen werden, dass auch ihre Mitschüler es vermieden, mit den späteren Tätern in der Öffentlichkeit gesehen zu werden, aus Angst, dadurch selbst in den Status eines Außenseiters zu geraten. »Im allgemeinen«, so schreibt Goffman (1975, S. 43) diesbezüglich, »liefert die Tendenz eines Stigmas, sich von dem stigmatisierten Individuum auf seine nahen Beziehungen auszubreiten, einen Grund dafür, warum solche Verbindungen vermieden oder, wo sie existieren, abgebrochen werden.« Wer auf der Schule als »Loser« gilt, wird es schwerer haben, Kontakte zu knüpfen, schlichtweg deswegen, weil andere sich des Eindrucks erwehren möchten, selbst ein »Loser«

zu sein. Die Isolation der späteren Täter ist also sowohl ein Versuch, möglichen diskreditierenden Situationen aus dem Weg zu gehen, als auch direkte Folge ihres negativen Images als Außenseiter. Da viele School-Shooter sich schließlich auch von ihren eigenen Eltern abgrenzen und isolieren, ist anzunehmen, dass sie ihrer zugewiesenen Rolle als Außenseiter schließlich für sich akzeptiert und ausgefüllt haben.

Dennoch sind es auffälligerweise oftmals gerade die Eltern, gegenüber denen School-Shooter ein schlechtes Gewissen entwickeln. Am letzten Abend vor seinem Amoklauf schreibt Bastian Bosse etwa in seinem Tagebuch:

> »This is the last evening I will ever see. I should be happy about all this, but somehow I'm not. It's my family. They are all good people and I will hurt them tomorrow morning. To those I love: I'm very sorry about all this.«

Pekka-Eric Auvinen (2007) schreibt in seinem Abschiedsbrief: »Beschuldigt nicht meine Eltern oder meine Freunde. Ich habe niemanden über meine Pläne erzählt. Das ist mein Krieg« (Gamillscheg 2008, S. 11). Auch die beiden Columbine-Amokläufer entschuldigen sich am Tag ihres Amoklaufs bei ihren Eltern. »Hey mom«, sagt Klebold, »[...] I just wanted to apologize to you guys for any crap this might instigate as far as (inaudible) or something. Just know I'm going to a better place«, und Harris fügt hinzu: »Yea ... Everyone I love, I'm really sorry about all this [...]. I'm sorry, all right. I can't help it« (Basement Tapes). Mag das Verhältnis zu den eigenen Eltern sich auch nicht durch eine besondere Vertrautheit auszeichnen, de facto bietet ihnen der familiäre Raum einen Ort der Ruhe und Regenerierung. Nur in ihrem eigenen Elternhaus müssen sie nicht fürchten, erniedrigt und ausgelacht zu werden, nur hier sind sie vor den Angriffen ihrer Mitschüler gefeit.[13]

Dennoch gelingt es den Eltern nicht, ihr Kind vor jenem Ort in Schutz zu nehmen, der für einen School-Shooter mit den meisten und tiefgrei-

---

13 Freilich gibt es auch hierzu einige Ausnahmen (Jeffrey Weise, Evan Ramsey). Allerdings weisen die familiären Verhältnisse von School-Shootern mehrheitlich keinerlei Auffälligkeiten auf, sodass traumatische Erlebnisse im Bereich der Familie nur marginal als Bedingungsfaktor für ein School-Shooting herangezogen werden können.

fendsten Kränkungen verbunden ist: der Schule. Täglich werden sie vom Staat dazu genötigt, den Ort ihrer schwersten Niederlagen zu betreten und sich mit jenen Menschen auseinanderzusetzen, die sie wieder und wieder die eigene Überflüssigkeit zu spüren bekommen haben lassen. Da sie der Schulsituation nicht ohne weiteres entfliehen können, wenden sie sich innerlich von ihr ab oder verschließen sich, wie Cho Seung-Hui, in der Hoffnung, ihre Mitschüler würden irgendwann von ihnen ablassen. »Ist es zu viel verlangt, in Ruhe gelassen zu werden? Wird man heutzutage verurteilt wenn man von allem nichts wissen will sondern SEIN Leben leben will?«, fragt Bastian Bosse in seinem Tagebuch. Wer sich aber nicht verteidigt, erweckt bei anderen den Eindruck, als ob die Angriffe gegen ihn gerechtfertigt seien, als ob er es verdient hätte, gedemütigt und erniedrigt zu werden. Gewissenlos können seine Peiniger so wieder und wieder auf ihn eindreschen und dadurch ihr Selbstbewusstsein steigern. School-Shooter kapitulieren schließlich und versinken in tiefe Depressionen.

> »Ich werde den rest meines lebens ein abgefuckter looser sein, und da mir alles egal ist bekomme ich auch keinen abschluss. das ist die hölle, wenn einem alles egal ist. ich mein; ich lerne nicht mehr, ich beteilige mich nicht mehr und ... ich tue eigentlich gar nichts mehr ausser vor mich hinvegetieren. es ist die hölle auf erden« (Bastian Bosse Online-Tagebuch).

Viele School-Shooter leiden unter klinischen Angstneurosen und werden medikamentös behandelt. Eric Harris etwa nahm das Antidepressivum Luvox, Kip Kinkel wurde mit Prozac und Pekka-Eric Auvinen mit SSRI behandelt. Michael Carneal betrieb Medikamentenmissbrauch mit Tylenol. Dazu schreibt er in einem Aufsatz für die Schule:

> »They *ALL* mocked and slaughtered my self esteem it got so bad i turned to drugs sad to say but yes. After a crummy day at [Heath Middle School] when someone put into the school news paper that i was gay. I went home and cried yes I admit it i cried. I sat and thought about everything that had happened that day the day before that. So I snorted 7 Tylenol 3's made me puke a lot and faint« (z.n. Newman et al. 2004, S. 27f.).

Schon im Alter von zehn Jahren hatte Evan Ramsey versucht, sich umzubringen; knapp ein Jahr vor seinem Amoklauf schnitt sich Jeffrey Weise die Pulsadern auf und Andrew Jerome Wurst (1998) gab nach seinem Amoklauf zu Protokoll: »I died four years ago. I've already been dead and I've come back. It doesn't matter anymore« (z. n. Newman et al. 2004, S. 247). Die durch fortwährende Kränkungen entstandenen Depressionen und Selbstmordgedanken drücken sich auch in einem tiefen Pessimismus über die eigene Zukunft aus:

> »Wenn man weiss, dass man in seinem Leben nicht mehr Glücklich werden kann, und sich von Tag zu Tag die Gründe dafür häufen, dann bleibt einem nichts anderes übrig als aus diesem Leben zu verschwinden. Und dafür habe ich mich entschieden. Es gibt vielleicht Leute die hätten weiter gemacht, hätten sich gedacht »das wird schon«, aber das wird es nicht« (Bastian Bosse Abschiedsbrief).

School-Shooter gehen davon aus, dass ihre Außenseiterposition in der Schule sich auch in ihrem weiteren Leben fortsetzen wird und ziehen es vor, vorzeitig »aus diesem Leben zu verschwinden«. In diesem Sinne kann mit Newman et al. (2004) ein School-Shooting als Exit-Strategie gedeutet werden. Sie wird von jenen gewählt, die keinerlei Hoffnung mehr besitzen, dass sich ihr Leben doch noch zum Besseren wenden könnte. Dass sich das Verhältnis von »Gewinnern« und »Verlierer« im späteren Leben oftmals umkehrt, konnten oder wollten viele von ihnen nicht sehen. Allerdings stehen auch ihre Mitschüler vor dem Problem, nicht zu wissen, welche Rolle sie in ihrem zukünftigen Leben einnehmen werden, was somit auf ein allgemeines Problem hindeutet: Da sich das Berufseintrittsalter im Zuge der Bildungsexpansion immer weiter nach hinten verschiebt, wird es zunehmend schwieriger für Jugendliche, sich über ihre Stellung im sozialen Gefüge Klarheit zu verschaffen. Ob man zu den »Gewinner« oder den »Verlierern« gehört, entscheidet sich oftmals erst mit Mitte Zwanzig, mit einem abgeschlossenen Hochschulstudium, und selbst dann wird die Frage über den sozialen Status nicht endgültig geklärt. »In a postindustrial economy where an everlenghtening training period is needed before young people can enter the adult world, adolescents spend many years in a kind of status limbo« (ebd., S. 128).

Die Erniedrigung anderer erscheint da ein probates Mittel, diese Statusunsicherheit auszugleichen und sich des Eindrucks zu erwehren, selbst zu jenen »Opfern« zu gehören, über die ungestraft gelacht werden darf. Hilflos muten da die Versuche einiger School-Shooter an, so zu tun, als ob einem dieser Spott nichts ausmachen würde. Es nützt nichts, sich einzureden, die Maßstäbe anderer würden nicht für das eigene Leben gelten. Denn auch die Ausgestoßenen wachsen mit denselben Bildern und Idealen auf wie der Rest der Gesellschaft. Auch School-Shooter träumen davon, auf Partys zu gehen und sich mit Mädchen zu verabreden; auch sie stünden gerne im Mittelpunkt und wollen von anderen bewundert oder doch zumindest anerkannt werden. Die demonstrative Ablehnung all dessen, was sie sich für ihr eigenes Leben erträumt haben, was ihnen aber von anderen vorenthalten wird, ist nicht mehr als eine weitere Bewältigungsstrategie ihrer sozialen Marginalisierung. School-Shooter beginnen zu hassen, wovon sie ausgeschlossen bleiben und suchen, sich Respekt zu verschaffen durch die Annahme einer Anti-Haltung. So wenden sich viele School-Shooter Subkulturen zu, in der Hoffnung, dadurch Anerkennungsdefizite ausgleichen zu können. Viele zeigen ein intensives Interesse für nationalsozialistisches Gedankengut. Pekka-Eric Auvinens etwa schreibt in seinem Manifest: »HUMANITY IS OVERRATED! It's time to put NATURAL SELECTION & SURVIVAL OF THE FITTEST back on tracks.« Jeffrey Weise stellt mehrfach Beiträge ins Forum der Libertarian National Socialist Green Party – einer faschistischen Partei in den USA – in denen er für eine strikte Rassentrennung plädiert und sich als Bewunderer Adolf Hitlers outet. Fraglich allerdings ist, ob er tatsächlich von dieser Ideologie überzeugt gewesen ist oder ob es sich hierbei lediglich um eine Inszenierung handelt, die dem Zweck dient, sich demonstrativ von jener Mehrheitsgesellschaft abzugrenzen, von der er sich ausgestoßen fühlt.[14] Tatsächlich zeigen viele School-Shooter ein Verhalten, das diesen Schluss plausibel erscheinen lässt. Luke Woodham etwa präsentierte sich vor Gericht als Satanist und Mitglied einer Gruppe, die sich »The Kroth« nannte. Bastian Bosse und Kimveer Gill sprechen mehrfach von ihrer Vorliebe für schwarze Trench-Coats. Diese teilen sie mit Klebold und Harris, den beiden Amokläufern von Littleton. Mit Goffman (1975, S. 126) kann diesbezüglich von einer »Politik der Selbst-Enthüllung« gesprochen werden. Anstatt weiterhin den Versuch zu un-

---

14 Dafür spräche etwa auch, dass der Protagonist eines von ihm angefertigten Animationsfilms ein Ku-Klux-Klan-Mitglied erschießt.

ternehmen, sich zu integrieren, internalisieren School-Shooter schließlich die Rolle des »Freaks«, wandeln sie allerdings um in etwas, auf das man stolz sein kann. »Trench-Coat-Mafia«, der Name, der ursprünglich eine Beleidigung gewesen ist für die Gothic-Szene auf der Columbine High School, wurde ein Symbol dafür, dass man gar nicht mehr zu der Mehrheitsgesellschaft dazu gehören möchte und stolz darauf ist, dass man nicht mehr dazu gehört (vgl. Brown/Merritt 2002, S. 68).[15] Nach außen hin haben School-Shooter nur noch Verachtung und Spott für jene Veranstaltungen und Kulturen übrig, denen die Mehrheitsgesellschaft Bedeutung einhaucht. »Italy won the world cup of soccer today. What a fucking stupid game. All sports are stupid. The fucking humans keep playing their fucking idotic childisch games«, schreibt Kimveer Gill im Online-Forum von Vampirefreaks. Bastian Bosse droht in seinem Abschiedsvideo mit ausgestrecktem Zeigefinger all jenen, die behaupten, er höre Hip-Hop-Musik. Und Kimveer Gill (Vampirefreaks) schreibt zum selben Thema: »Hip Hop isn't music, it's just animals jumping up and down like monkeys.« All das, wofür die Gesellschaft, in der sie leben, steht, lehnen sie ab. Ihre Werte- und Moralvorstellungen besitzen für sie keine Gültigkeit mehr. »Fuck mercy, fuck justice, fuck morals, fuck civilized, fuck rules, fuck laws« (Eric Harris Tagebuch). Was oftmals nur der Versuch ist, eine Nische zu finden, in der sie ihr gekränktes Selbst über die Anerkennung durch die Subkultur wieder stabilisieren können, deuten viele School-Shooter nachträglich als Erweckungserlebnis und verklären es als mystisches Erwachen aus einer Scheinwelt.

> »[...] ich war der Konsumgeilheit verfallen, habe danach gestrebt Freunde zu bekommen, Menschen die dich nicht als Person, sondern als Statussymbol sehen. Aber dann bin ich aufgewacht. Ich erkannte das die Welt wie sie mir erschien nicht existiert, das die eine Illusion war, die hauptsächlich von

---

15 Brooks Brown, der ein guter Freund von Dylan Klebold gewesen ist, beschreibt in seinem Buch (2002, S. 68) die Trench Coat Mafia wie folgt: »[...], the Trench Coat Mafia was nothing more than a group of friends who hung out together, wore black trench coats, and prided themselves on being different from the ›jocks‹«. Jenseits aller Gerüchte um eine nationalsozialistisch gesinnte Organisation war die Trench Coat Mafia also schlicht ein Name für eine Gruppe jugendlicher Außenseiter an der Columbine High-School.

den Medien erzeugt wurde. Ich merkte mehr und mehr in was für einer Welt ich mich befand« (Bastian Bosse Abschiedsbrief).

Und doch gelingt es School-Shootern nicht, in jene Nischen hineinzuschlüpfen, in denen sie mit dem versorgt werden könnten, was jeder Mensch für sein Leben benötigt: Anerkennung. Verzweifelt versuchte Michael Carneal etwa in die Gothic-Szene an seiner Schule aufgenommen zu werden. Er stahl CDs für sie und gab vor, ihnen Waffen besorgen zu können[16] – und blieb doch nur ein Außenseiter (vgl. Newman et al. 2004, S. 29f.). Das Wort »Freund« setzt Bastian Bosse nur noch in Anführungszeichen, und Jeffrey Weise schreibt in einem Internet-Forum über das Verhältnis zu seiner Clique:

>»I have friends, but I'm basically a loner inside a group of loners. Most of my friends don't know the real me, I have never shared my past with anyone. I'm excluded from everything and anything they do. I'm never invited. I don't know why they consider me a friend or I them.«

Selbst in gesellschaftlichen Randgruppen erhalten sie keine Anerkennung. Auch hier werden sie ausgegrenzt, auch hier wird ihnen ihre Überflüssigkeit über das Desinteresse an ihrer Person kränkend vor Augen geführt.

Der letzte Versuch schließlich, dieser misslichen Lage doch noch zu entfliehen, setzt tragischer Weise genau jenen Prozess in Gang, an dessen Endpunkt ihr Amoklauf steht: Es ist die Ankündigung ihres Amoklaufs selbst, über die sich die späteren Täter Beachtung zu besorgen suchen.

>»They talk about their plans, because one impetus for shooting in the first place is to secure a position in the status system that is an improvement over the marginal position to occupy beforehand. Winning attention, winning respect – this is often, what the shooters are after« (Newman et al. 2004, S. 175).

---

16 Die Gothics auf der Heath Middle School unterhielten sich darüber, mit Waffengewalt die Kontrolle über ihre Schule zu übernehmen.

Als kaltblütiger Killer zu gelten, verschafft ihnen zumindest für den Moment Respekt und macht ihren Status als Außenseiter kurzfristig vergessen. Doch muss der so aufgebauten Drohkulisse nachgegeben werden, um nicht einen erneuten Gesichtsverlust zu erleiden, wie sich an nachfolgender Aussage T.J. Solomons ablesen lässt:

> »When I got to school I was walking up there. I didn't even know what I was going to do yet ... I was walking ... and the bullets started dropping out [of the gun] ... After that ... I pretty much felt I had to do it, because, you know, there was somebody that had already seen me with it at this point« (z.n. Newman et al. 2004, S. 251).

Sobald School-Shooter ihre Drohungen ausgesprochen haben, müssen sie, um glaubhaft zu bleiben, diese Drohung auch wahrmachen. Newman et al. sprechen diesbezüglich von »escalating commitments«: »They [the shooters] are convinced that failure to act will publicly confirm their weak charcter. They *have* to shoot« (ebd., S. 251).

Provokationen durch Mitschüler spielen hierbei oftmals eine maßgebliche Rolle. Als Andy Williams etwa ankündigte, er werde eine Waffe mit in die Schule bringen, neckten ihn seine Klassenkameraden, er würde es doch nicht tun. Andreas S. (1999) Mitschüler schlossen Wetten über ihn ab, ob er es sich getrauen würde, seine Geschichtslehrerin umzubringen. Zu Luke Woodham sagte ein Mitschüler, er würde keinen Mut besitzen, würde er seinen Drohungen keine Taten folgen lassen (vgl. ebd.).

Es ist die Angst davor, selbst den letzten Rest Respekt und Selbstachtung einzubüßen, der School-Shooter schließlich zur Tat schreiten lässt. Nach Jahren der Demütigung und gescheiterter Versuche, sich doch irgendwo einzugliedern und unterzukommen, sehen sie sich in eine Ecke gedrängt, aus der sie sich nur noch gewaltsam befreien können. »Ihr habt mich in die Ecke getrieben und mir nur eine Option gelassen«, schreit Cho Seung-Hui auf einem seiner Videos dem Publikum entgegen, »das war eure Entscheidung. Jetzt habt ihr Blut an Euren Händen, das sich nie mehr abwaschen lässt.« Ihrem subjektiven Verständnis nach tragen nicht sie die Verantwortung für ihre Tat. Es waren die Schüler, die sie jahrelange gedemütigt haben, die sie ausgeschlossen haben, die sie sozial eliminiert haben und ihnen jede Möglichkeit genommen haben, aus ihrem Leben etwas zu machen; es waren die Lehrer, die nicht eingegriffen und weggeschaut haben, wenn sie ihre Hilfe hätten benötigen können; es war die Gesellschaft, die sie ausgestoßen und für überflüssig erklärt und somit ihnen ihre Daseinsberechtigung abgesprochen hat:

> »It's not only the bully's fault!! It's the teachers and the principals fault for turning a blind eye, just cuz it's not their job. […] It's the police fault for not doing anything when people complain […]. FUCK THE POLICE. It's society's fault for acting like it's normal for people to be assholes to each other. Society disgusts me. It's everyone's fault for being so apathic towards fucking everything that doesn't affect them personally. FUCK YOU SOCIETY« (Kimveer Gill Online-Tagebuch).

Bastian Bosse schreibt dazu passend in seinem Abschiedsbrief: »Ihr habt diese Schlacht begonnen, nicht ich. Meine Handlungen sind ein Resultat eurer Welt, eine Welt, die mich nicht sein lassen will wie ich bin.« Über den Verweis auf das Recht zur Selbstverteidigung wird die Tötungshandlung legitimiert. Die letzten inneren Kontrollinstanzen können so außer Kraft gesetzt werden, die Inszenierung als Opfer erlaubt es, zum Gegenangriff überzugehen. »Ich musste das nicht tun. Ich hätte gehen können. Ich hätte fliehen können. Aber ich renne nicht mehr davon«, sagt Cho Seung-Hui passend dazu in einem seiner Videos. Es wird nicht länger davon gelaufen; es wird nicht länger sich verkriechen und klein beigegeben und nach Ausflüchten gesucht, die es nicht gibt. Ein für alle Mal werden die Probleme beseitigt, ein für alle Mal wird festgehalten, wer tatsächlich der Überlegene, der Sieger ist; ein für alle Mal auch zeigt sich, wem die Aufmerksamkeit gebührt und wer in der Bedeutungslosigkeit zu verschwinden hat.

Auch wenn die Täter diese Interpretation ablehnen, da sie ein Eingeständnis von Schwäche wäre (vgl. Luke Woodhams Manifest), ist ihre Tat, so kann abschließend gesagt werden, ein Schrei nach Aufmerksamkeit und Beachtung. Die Täter stellen über ihre Handlung das her, woraus sozialer Status abgeleitet wird: Sichtbarkeit. Für den Moment ihrer Tat stehen sie im Mittelpunkt der Welt. Gewaltsam durchbrechen sie das Stigma des überflüssigen Versagers, über den ungestraft gelacht werden darf und inszenieren an ihrem »meist gehassten Ort« (Bastian Bosse Tagebuch) eine blutige Show, auf dass alle Welt ihnen zuhören möge und sie nicht länger übersehen werden können. Somit können School-Shootings als stark expressive Gewalthandlungen interpretiert werden, die der »Selbstpräsentation« (vgl. Fuchs/Lamnek/Luedtke 1996, S. 15) der Täter dienen. Dies erklärt, weshalb gerade an Schulen Amok gelaufen wird. Als Ort ihrer schwersten Niederlagen und größten Kränkungen bildet die Schule ein Symbol ihres sozialen Ausschlusses. Mit ihrem Handel setzen die Täter ein Zeichen, dass es nicht Recht war, sie auszugrenzen. Ihre Tat ist als Angriff gegen jene Gesellschaft zu verstehen, die sie als überflüssig aussortiert hat.

School-Shootings: Ein kleinstädtisches Phänomen

Wie zuvor schon aufgezeigt, finden School-Shootings fast ausschließlich in ländlichen Gegenden oder kleineren Ortschaften statt. Es sind Kleinstädte wie Emsdetten (35.000 Einwohner) oder Dörfer wie Bethel (6.500 Einwohner), die für den Moment des School-Shootings in den Fokus der Öffentlichkeit treten; Ortschaften und Gemeinden, von denen niemand angenommen hätte, dass ausgerechnet hier ein Jugendlicher Amok laufen könnte. Von der Großstadt ist man Gewalt gewohnt, dort erwartet man nichts anderes als Mord und Totschlag. Nicht aber von einem Ort wie Paducah, der sich stolz »Quilt City« (http://www.quiltmuseum.org, Stand: 26. April 2008) nennt und »each spring, [...] quilt enthusiasts from all over the world [...] to Paducah for the Society's annual event« (http://wn.wikipedia.org/wiki/Paducah,_Kentucky, Stand: 26. April 2008) anlockt. Tragischerweise ist aber gerade die Überzeugung der Einwohner, dass derartige Gewaltausbrüche nicht in ihren Ortschaften geschehen könnten, ein Grund dafür, weshalb sie gerade dort passieren. Der Glaube an die Friedfertigkeit der Gemeinde nämlich führt dazu, dass Warnsignale systematisch ausgeblendet werden. Dass es auch innerhalb der Gemeinden Heath (Michael Carneal) oder Tuusula (Pekka-Eric Auvinen) Gewaltverbrechen und Kriminalität gibt, dass Drogen und Alkohol auch dort für Jugendliche interessant sind, passt nicht in jenes idyllische Bild, dass die Einwohner dieser Städte von ihrem Ort haben wollen.

Als die Einwohner der Gemeinde Westside, einem Stadtteil von Jonesboro, das erste Mal von dem Amoklauf (1998) an der Middle-High-School hörten, waren sie davon überzeugt, die Täter müssten von außerhalb gekommen sein. »There's ... foreign person from another school who must have done this«, sagt eine Grundschullehrerin, »it just can't be somebody from Westside, because we're all like family«[17] (z.n. Newman et al. 2004, S. 115). Ähnlich reagierten die Bewohner der Gemeinde Winnenden. In der Frankfurter Rundschau vom 12. März 2009 (vgl. ebd., S. 3) wird ein Obsthändler mit den Worten zitiert, er hätte gedacht, wenn bei ihnen in der Umgebung so etwas geschähe, dann doch eher in Stuttgart, immerhin sei es in Winnenden doch besser als in der Großstadt, besonders für die Kinder. Ortschaften wie Winnenden oder Westside produzieren keine kaltblütigen Killer; hier halten die Menschen noch zusammen; man kennt sich untereinander, wächst zusammen auf, trifft sich in der Kirche oder auf dem Dorfplatz und wird gemeinsam alt – so die Vorstellung der Einwohner. Auch deswegen werden School-Shooter nachträglich als Außenseiter dargestellt: Sie können, so der Glaube, gar nicht aus ihrem Ort stammen und wenn doch, dann müssten bei ihnen die sozialen Netzwerke nicht richtig funktioniert oder die Eltern versagt haben. Bezeichnenderweise wird nach einem Amoklauf häufig eine Debatte um einen allgemeinen Wertezerfall, dem Wegbrechen sozialer Netzwerke und Solidarität geführt (vgl. hierzu kritisch Beyer 2004). Ein Bewohner von Heath, der Gemeinde, in der Michael Carneal Amok lief, meinte dazu:

> »Well, it's [Paducah] getting bigger, but you have to realize when it gets bigger, you end up with bigger problems that you never had before ... [With new people moving in], I think the live becomes so much faster. I think it becomes so impersonal« (z.n. Newman et al. 2004, S. 66).

In der Tat wäre eine derartige Erklärung im Sinne der Anomietheorie Durkheims durchaus sinnvoll. Durkheim ging davon aus, dass die Um-

---

17 Natürlich kann nicht behauptet werden, diese und die folgenden Aussagen der Bewohner seien repräsentativ für die ganze Stadt. Doch auch der Einzelfall lässt Rückschlüsse auf den Gesamtzustand jener Gemeinschaft/Gesellschaft zu, in der er sich zuträgt. Die Aussagen liefern ein Indiz dafür, wie Haltungen und Einstellungen der Bewohner dieser Städte ausgesehen haben könnten und können damit auch für die Frage von Bedeutung sein, weshalb School-Shootings sich gerade in kleineren Ortschaften zutragen.

setzung devianter Neigungen immer dann sehr wahrscheinlich wird, wenn gesellschaftliche Regulationsinstanzen wegbrechen, sodass die Integration der Gemeinschaftsmitglieder nur mangelhaft bewerkstelligt werden kann. Wenn soziale Beziehungssysteme infolge gesellschaftlicher Wandlungsprozesse an Stärke verlieren, verringert sich die Bindung der einzelnen Mitglieder an die Gemeinschaft und erhöht sich ihre Bereitschaft, sich deviant zu verhalten.

Gleichwohl die Globalisierung auch an Kleinstädten nicht spurlos vorüber gegangen sein dürfte, ist anzunehmen, dass in Orten wie Littleton das soziale Netzwerk immer noch besser funktioniert als etwa im nahe gelegenen Denver, einer Stadt mit immerhin 588.000 Einwohnern. »This is a great place to raise your children. [...] Very close community. Everybody looks up for everybody ... good people« (Bowling for Columbine), bestätigt etwa eine Bewohnerin von Littleton diese Annahme. Nachbarschaftshilfe und gegenseitiges aufeinander Achtgeben wird in kleineren Städten häufiger der Fall sein als in jenen anonymen Wohnsilos, in denen hunderte Menschen unter einem Dach leben und kaum jemand sich für seinen Nachbarn interessiert. Während das relativ große Angebot zur Freizeitgestaltung die Menschen in Großstädten eher auseinander treibt, so schweißen Dorfplatzfeste und geringe Auswahlmöglichkeiten die Menschen kleinerer Ortschaften eher aneinander. Das soziale Netzwerk, das nach Durkheim die Umsetzung devianten Verhaltens unterbindet, funktioniert dort, wo es zu Amokläufen kommt, augenscheinlich besser als in Ballungszentren.

Mit Newman et al. (2004, S. 67) kann diesbezüglich argumentiert werden, dass

> »not the weakness of social ties [...] proved their [Carneals, Goldens und Johnsons] undoing, but the strength of those bonds. Dense, all-encompassing, interconnected networks of friends and family can make the lives of misfits unbearable and actually stifle the flow of information about potential warning signs.«

Für diejenigen, die in der Gemeinschaft aufgehen, mögen die sozialen Netzwerke das Leben vereinfachen und angenehmer gestalten – nicht aber für Menschen wie Bastian Bosse oder Evan Ramsey. Wer keine

Lust hat, auf Schützenfesten oder in Dorfdiscos seine Freizeit zu verbringen, wer sonntagmorgens lieber etwas länger schläft, anstatt in die Kirche zu gehen, fällt aus dem gemeinschaftlichen Leben heraus und wird so fast automatisch zum Außenseiter. Michael Carneal etwa verabscheute das Quilt-Festival in seiner Stadt. So schreibt er in einer E-Mail:

> »[O]ur Town really SUCK. We have that big QUILT FESTIVAL ... 50,000 old bags in snitty cars that drive ... an amazing 20 miles an hour come to town for a week and we all go downtown and freak out the old lady quilters. [...] Ok my point is that there is nothing here« (z.n. Newman et al. 2004, S. 142).

Außenseiter, die irgendwie »Eigenartigen« und »Seltsamen«, wie zwei Schülerinnen die beiden Columbine-Amokläufer beschreiben (Bowling for Columbine), hätten in der Stadt vielleicht eine Nische für sich gefunden oder hätten doch zumindest untertauchen können in der Anonymität der Masse. Nicht aber auf dem Land: Wer hier aus dem sozialen Leben heraus fällt, kann dies nur schwer kompensieren – auch deswegen, weil es sich im Dorf schnell herumspricht, dass jemand »anders« ist. Das Stigma des »Freaks« oder des »Losers«, mit dem School-Shooter belegt werden, wird sich von der Schule ausgehend auf alle anderen sozialen Bereiche ausdehnen. Diesbezüglich weisen Newman et al. (vgl. 2004, S.135) darauf hin, dass die Rolle der Schule in kleineren Ortschaften eine andere ist als in Großstädten. Während sich in der Stadt das soziale Leben allein aufgrund des größeren Angebotes auf verschiedene Punkte verteile, bilde die Schule auf dem Land den Mittelpunkt des sozialen Lebens. Hier sei sie »the undisputed focal point of community life – for everyone« (ebd.). Ein Polizist aus Jonesboro meint dazu:

> »In a lot of these small towns, [school] is the center point of the community. It is the one point that draws the community together. While they may all have churches, they're subdivided among Methodists, Presbyterians. This [school] is where moms and dads and children come to participate in sporting events, Parents' Night. It is the focal point of the community. It's almost sacred ground« (ebd.).

Die Einbindung der Eltern in den Schulalltag mag zwar einerseits helfen, den Schulbetrieb in Gang zu halten, andererseits führt dies aber auch dazu, dass schulische Erfolge wie Misserfolge einen direkten Einfluss ausüben auf das Leben außerhalb der Schule. »Kids who distinguish themselves on the playing field or the stage are well known around town« (ebd., 136). School-Shooter aber, die sich in der Schule am unteren Ende der sozialen Pyramide befinden, werden so auch außerhalb der Schule diese Position einnehmen. Sie fallen also nicht nur aus dem sozialen Leben auf der Schule heraus, sondern gleichsam aus dem der Gemeinde.

Das Wissen darum, dass in Kleinstädten viel getratscht wird, schlicht, weil jeder den anderen kennt, kann dazu führen, dass Schwierigkeiten und Probleme nicht angesprochen werden aus Angst vor einem schlechten Ruf. Als über Michael Carneal in der Schülerzeitung das Gerücht verbreitet wurde, er sei schwul, bat er seine Schwester, nichts seinen Eltern oder seinem Direktor davon zu erzählen. Davon ausgehend, dass seine Eltern den Direktor angerufen hätten und dieser wiederum die Eltern derjenigen Schüler, die das Gerücht über ihn verbreitet hatten, befürchtete er offenbar, vor anderen als »Petze« dazustehen und dadurch seine Situation nur noch zu verschlimmern. So schwieg er lieber und tat so, als ob ihm die ganze Geschichte nichts ausmachen würde. »Michael [...] telling her [his sister] that ›it wasn't that big of a deal‹ when in fact it was a terrible ordeal for him« (Newman et al. 2004, S. 121). Durch sein Schweigen, so schlussfolgern Newman et al. zu Recht, wollte Michael Carneal verhindern, dass das negative Image, das er auf der Schule besaß, an die Öffentlichkeit gelangte. Er fürchtete, wenn er seinen Eltern davon erzählte, dass er täglich in der Schule schikaniert und verspottet wurde, sogleich die ganze Stadt oder doch zumindest die Nachbarn erfahren könnten, dass er »schwach« sei und Hilfe benötigte. Allein die Annahme, über das gut funktionierende soziale Netzwerk in Heath könnte sein niederer sozialer Status publik gemacht werden, ließ ihn davor zurückschrecken, seinen Eltern von den alltäglichen Schikanierungen zu erzählen, die er in der Schule über sich ergehen lassen musste.

Aber auch der umgekehrte Fall ist denkbar. Lehrer oder Nachbarn informieren die Eltern deswegen nicht über das auffällige Verhalten ihrer Kinder, weil man sich untereinander kennt und es vermeiden will, beim nächsten Treffen in eine peinliche Situation zu geraten: Als ein

Nachbar der Familie Golden etwa von seiner Tochter erzählt bekam, dass Andrew Katzen erschossen hatte, unterließ dieser es, seine Eltern darüber zu informieren. Offenbar befürchtete er, das »gute« Verhältnis zwischen ihm und der Familie Golden könnte durch seinen Eingriff in deren Privatsphäre und der impliziten Kritik an ihrem Erziehungsstil belastet werden. Es muss also nicht immer Gleichgültigkeit sein, die Menschen wegschauen und schweigen lässt. Manchmal gründet Schweigen auch schlichtweg auf der berechtigten Angst, die Wahrheit könnte die Gefühle des anderen verletzten. Dass diese Rücksichtnahme nicht immer hilfreich ist, steht außer Frage. Denn nur, wenn Probleme als solche benannt werden, wenn man sich eingesteht, dass es Probleme gibt, können diese auch gelöst werden. Es nützt nichts, so zu tun, als sei alles in Ordnung und gut. Auch wenn man Angst davor hat, eine Freundschaft könnte auseinanderbrechen, muss man, wenn man ernsthaft an dieser Freundschaft interessiert ist, doch dieses Risiko eingehen und offen die Probleme ansprechen. Vielleicht wird man sich dann eine kurze Weile aus dem Weg gehen. Langfristig aber wird die Freundschaft dadurch eher gestärkt werden, ist doch offene Kritik ein Zeichen dafür, dass man ernsthaft am Wohlergehen des Gegenübers interessiert ist und mit ihm nicht nur dann zusammen sein will, wenn man sich von ihm gut unterhalten fühlt.

Vielleicht ist es schlechterdings genau das, was den jugendlichen Amokläufern gefehlt hat, ein guter Freund, der sich für sie und ihre Probleme interessiert, der ihnen zuhört, sich für sie einsetzt, sie jedoch auch hinterfragt, wenn notwendig. Auf sich allein gestellt aber und verlassen kann selbst die geringste Lappalie zur totalen Katastrophe anwachsen; sich in unentwegt kreisenden Gedanken verlierend, die doch niemals herausführen, niemals eine Lösung finden können, verschwindet die Hoffnung auf ein ganz anderes Leben, ohne Angst, gedemütigt oder verspottet zu werden und vor Nachbarn oder gar den eigenen Eltern als Verlierer da zu stehen. Allmählich setzt sich der Gedanke an Rache in ihnen fest, Rache für über Jahre hinweg erlittene Demütigungen, für vorenthaltenes Glück und das Lächeln im Gesicht der Altersgenossen während der Kirmes. Die Schule, an der sie letztlich diese Rachegelüste in die Tat umsetzen, ist nicht nur der Ort ihrer schlimmsten Kränkungen, sondern steht stellvertretend für eine Gemeinde, von der sie ausgegrenzt wurden und die in ihren Augen deshalb zu bestrafen ist. »If we still can«, schreibt Eric Harris dazu passend in seinem Tagebuch,

> »we will hijack some awesome car, and drive off to the neighbourhood of our choice and start torching houses with Molotov cocktails. By that time cops will be all over us and we start to kill them too! We use bombs, fire bombs and anything we fucking can to kill and damage as much as we fucking can« (z. n. Brown/Merritt 2002, S. 95f.).

Dieses grauenvolle Gedankenexperiment, den eigenen Amoklauf auf die ganze Nachbarschaft auszudehnen, hat Tim Kretschmer schließlich in die Tat umgesetzt. Ein Amoklauf scheint somit nicht nur ein Angriff gegen die Schule zu sein, sondern richtet sich in vielen Fällen offenbar auch gegen die Gemeinde, in der sich derartige Taten ereignen.

Zusammenfassung

In diesem Kapitel wurde der Frage nachgegangen, weshalb School-Shooter an Schulen Amok laufen. Hierbei wurde davon ausgegangen, dass ein School-Shooting den Endpunkt eines langwierigen Prozesses sich verstärkender sozialer Exklusion und Marginalisierung bildet. Es konnte aufgezeigt werden, dass die späteren Täter im Kontext der Schule massive Erfahrungen des Verlustes und der Niederlage machen. Diese beziehen sich zum einen auf die institutionelle Funktion der Schule als Selektions- und Erziehungsanstalt, zum anderen auf das Verhältnis zu ihren Mitschülern. School-Shooter befinden sich zum Tatzeitpunkt in einer Situation der sozialen Randständigkeit, die sich in mangelnder Anerkennung durch das soziale Umfeld ausdrückt und von ihnen als ungerecht erlebt wird. Somit kann Rache als treibendes Tatmotiv bestimmt werden.

Ausdrücklich ist darauf hinzuweisen, dass die späteren Täter prädeliktisch verschiedene Formen der Konfliktbewältigungs- und Problemlösungsstrategien anwenden. Als Folge ihrer negativen Etikettierung als Außenseiter ziehen sich viele School-Shooter zunächst aus dem sozialen Leben zurück in der Hoffnung, dadurch eine erneute Kränkung zu vermeiden. Da die Schulsituation als solche nicht umgangen werden kann, kommt es zu einer inneren Abwendung von der Schule, die sich in der demonstrativen Einnahme einer Gegen-Identität ausdrückt. School-Shooter beginnen zu hassen, wovon sie ausgeschlossen bleiben. Durch Anschluss an eine schulische oder außerschulische Subkultur wird seitens der Täter versucht, Anerkennungsdefizite durch die Peer oder die Schule auszugleichen. Hierbei wird die Außenwahrnehmung in das eigene Selbstbild integriert, das Stigmasymbol allerdings gewandelt in ein Statussymbol. Die Tatumsetzung erfolgt oftmals nach einer direkten Provokation durch die Mitschüler oder im Sinne Adlers und Lübberts nach einem tatauslösenden Konflikt. Ihre Tat stellt den Versuch dar, sich gewaltsam aus ihrer zugewiesenen sozialen Randständigkeit zu befreien und Sichtbarkeit herzustellen. Ihre Handlung ist damit in einem hohen Grad identitätsstiftend und nicht nur Ausdruck von Protest. Ihr zugrunde liegt ein kulturelles Muster, das Gewalt in bestimmten Situationen als sinnvolle Handlungsweise präsentiert. Dieses kulturelle Umfeld gilt es, im Folgenden zu beleuchten.

Das kulturelle Umfeld

Galt das bisherige Interesse dem sozialen Umfeld der Täter und der Frage, wodurch der Hass gegen Schule, Lehrer und Mitschüler entstanden sein könnte, so gilt es in diesem Kapitel aufzuzeigen, welchem kulturellen Umfeld das Handeln der Täter entspringt. Gleichwohl – wie aufgezeigt – School-Shooter weitestgehend aus dem sozialen Leben herausgefallen sind, bleiben sie doch in ihrem Handeln an jene Kultur und Gesellschaft gebunden, in der sie aufgewachsen und sozialisiert worden sind. School-Shooter folgen – wie herauszuarbeiten sein wird – in ihrem Handeln den kulturellen Idealen der restlichen Gesellschaft.

Die Frage, wo die Gründe für Amokläufe an Schule liegen, kann nur dann beantwortet werden, wenn wir die Täter als das behandeln, was sie tatsächlich sind: sie, die Amokläufer, die radikal Anderen, die Monster, zu denen sie im Nachhinein gemacht werden, sind, ob wir es wollen oder nicht, Teil der Gesellschaft, in der wir alle leben. Der Blick auf sie ist damit gleichsam ein Blick auf uns selbst: welche Filme und Spiele wir konsumieren und warum eigentlich Gewalt für uns alle interessant und unterhaltsam ist; warum die Zeitungen überfüllt sind mit pietätlosen Bildern und fraglichen Berichten über Amokläufe, obwohl sich nichts Eigentliches sagen lässt und warum wir all das auch noch lesen und uns anschauen wollen; weshalb manche Väter es für eine gute Idee halten, ihre pubertierenden Jungs mit auf die Jagd oder zum Schießclub zu nehmen, während ihre Mädchen zu Hause ihren testosteronfreien Püppchen die Haare kämmen sollen; welche Bilder und Wünsche hinter Conan, Mad Max, Terminator und Co stecken und warum es überhaupt immer

Männer sein müssen, die da kämpfen und schießen und Amok laufen? Woher kommt die Idee, sich an seinen Mitmenschen für erlittenes Leid zu rächen? Und warum erscheint Gewalt uns allen in bestimmten Situationen als sinnvoll und gerechtfertigt?

Wer sich ernsthaft mit dem Thema Amoklauf beschäftigt, muss sich mit diesen Fragen auseinandersetzen. Niemandem ist damit geholfen, wenn man die Amokläufer als Freaks, als kranke Psychopathen stigmatisiert, die nichts, aber auch gar nichts mit dem eigenen Leben zu tun haben. Amokläufe, so selten sie sich auch ereignen, entspringen der Mitte der Gesellschaft, sind schlechterdings deren Produkt. Und man tut gut daran, sie auch als ein solches zu behandeln.

Medien und fiktionale Gewalt

Nachdem Robert Steinhäuser im April 2002 am Gutenberg Gymnasium in Erfurt Amok gelaufen war, entbrannte in der deutschen Presse eine Debatte um den Einfluss gewaltverherrlichender Filme, Musik und Computerspiele. Eine Woche nach dem Amoklauf schrieb der Spiegel (Beier et al. 2002, S. 219):

> »Nur wenige Experten bezweifeln heute noch, dass die Darstellung von Gewalt im Einzelfall ganz reale Gewalt hervorrufen kann – zu erdrückend sind die Selbstauskünfte der Täter und die Belege der Ermittler, die etwa nach den Schulmorden in Paducah (Kentucky, 1997), in Jonesboro (Arkansas, 1998), in Littleton (Colorado, 1999), im sächsischen Meißen (1999), im bayrischen Brannenburg (2000) und jüngst in Erfurt zusammengetragen wurden.«

Im Text zitierte Experten wie der Psychologe Dave Grossman scheinen diese Sicht zu bestätigen:

> »Das geschieht durch Gewaltdarstellungen in den Massenmedien und, viel dramatischer, durch gewaltgetränkte, interaktive Videospiele. Die Folge sehen wir in den USA fast wöchentlich: Kids erschießen kaltblütig ihre Schulkameraden, Lehrer oder einfach Leute, die mal genervt haben« (ebd., S. 220).

Untermauert wird dieser unterstellte gewaltverursachende Einfluss von Medienprodukten durch martialische Bilder. So sieht man den »Schockrocker« *Marylin Manson* auf der Bühne mit einem Schrotgewehr stehend, unterhalb seiner »Epigone«, dem Sektenführer Charles Manson. Eine Szene aus dem Film *Natural Born Killers* zeigt den Protagonisten, wie er in der einen Hand seine Freundin, in der anderen eine Pumpgun hält. Daneben ist der verurteilte Mörder Benjamin Darras abgelichtet, der, so ist der Fußnote zu entnehmen, »wegen eines Mordes in ›Natural Born Killers‹-Manier zu lebenslanger Haft verurteilt« (ebd., S. 221) wurde. Bilder der Bands *Slipknot* und *Rammstein*, ein axtschwingender maskierter Mörder aus dem Film *Freitag, der 13.* sowie Szenen aus dem Computerspiel *Counterstrike* runden das Gesamtbild ab und lassen den angenommenen Zusammenhang zwischen realer und fiktiver Gewalt eindeutig erscheinen.

Dass dieser Zusammenhang zwischen Medien und Gewalt ganz und gar nicht so eindeutig ist, wie dies Grossmann in seinem Statement unterstellt, scheint die Autoren des Artikels weniger zu interessieren. Allein die Tatsache, dass Klebold und Harris Fans des Films *Natural Born Killers* gewesen sind, dass Steinhäuser gerne *Counterstrike* spielte und Michael Carneal eine Vorliebe für düstere Musik hatte, scheint ihnen als Beweis auszureichen. Unwichtig ist, dass Millionen anderer Jugendlicher diese Medien konsumieren und nicht zu Mördern werden; unwichtig auch, dass ihr Amoklauf weitaus stärker durch soziale Faktoren bedingt gewesen ist, wie im vorangegangene Kapitel aufgezeigt. Es gilt, einen Sündenbock zu finden, auf den die Schuld abgewälzt werden kann, um wieder zum Alltag übergehen zu können. So wie Anfang der 90er Jahre der *Gangsta-Rap* schuld war an der Zunahme jugendlicher Tötungsdelinquenz, so tragen *Marylin Manson* und die Macher von *Doom* und *Counterstrike* die Verantwortung für Littleton, Erfurt und Emsdetten. Für Politiker ist es so ein Leichtes, ihre Handlungsfähigkeit und Beschützerfunktion unter Beweis zu stellen, womit gleichsam notwendige Anpassungsleistungen eingefordert werden können. Fakt aber ist, ob nun das Medienschutzgesetz verschärft wird oder nicht, wieder und wieder greifen Jugendliche zur Waffe und laufen an ihren Schulen Amok.

Im Folgenden soll nicht angenommen werden, dass von Medien

keinerlei Wirkung ausginge, dass also der Konsum von gewalthaltigen Medienerzeugnissen nichts mit School-Shootings zu tun haben könnte. Es soll nur von einfachen Ursache-Wirkungszusammenhängen in der Art, wie sie oben dargestellt wurden, Abstand genommen werden. So ist doch die Frage, wie Medien wirken können, auch davon abhängig, wer wann und wieso diese Medien konsumiert, wie Gewalt in diesen Medien dargestellt und wie diese Gewaltdarstellung von den Rezipienten aufgenommen und verarbeitet wird.

Zunächst einmal ist festzuhalten, dass Gewalt in Action- und Horrorfilmen fiktive Gewalt ist und von den Rezipienten auch als solche wahrgenommen wird. Wer ins Kino geht, um sich *Terminator* anzuschauen, weiß, dass der Cyborg aus der Zukunft keine reale Bedrohung für das eigene Leben darstellt und der Mörder aus dem Krimi auch nicht einfach aus dem Fernseher herausspringen und dem Zuschauer an die Gurgel gehen kann. Gewaltdarstellungen in den Medien werden von den Zuschauern primär zu Unterhaltungszwecken genutzt. Unterhaltend sein kann mediale Gewalt vor allem aus zwei Gründen: Zum einen kann über Gewaltdarstellungen das Bedürfnis des Zuschauers nach einer gerechten Welt bedient werden. So werden in Filmen mal mehr, mal weniger unterhaltsame Geschichten erzählt, die zumeist eine klare Struktur aufweisen. Anfangs wird die Handlung eingeleitet und die wichtigsten Personen in ihren Funktionen dargestellt. Der Mörder tritt auf und tötet ein wehrloses Opfer, in der nächsten Szene befindet sich die Polizei am Tatort und ermittelt. Die Grenzen, wer zu den »Guten« und wer zu den »Bösen« gehört, sind damit klar gezogen und werden im Verlauf des Films wieder und wieder dem Zuschauer vor Augen geführt.[1] Zugleich wird damit dem Zuschauer nahe gelegt, welche Gewalthandlungen er als gerecht und welche er als ungerecht zu empfinden hat. Gewalt, die vom Täter ausgeht, ist ungerecht, solche die vom Opfer selbst oder seinem Stellvertreter/Rächer ausgeübt wird, gerecht. Darin folgen fiktionale Gewaltdarstellungen einem kulturellen Muster, das die Legitimation von

---

[1] In den meisten Filmen verlaufen die Grenzen zwischen Gut und Böse zweifelsohne nicht derart simpel, wie hier dargestellt. So werden häufig auch die »guten« Protagonisten mit einigen »Makeln« (Säufer, Schläger, Macho etc.) versehen, um damit ihre Figur für die Zuschauer interessanter und glaubwürdiger zu gestalten.

Gewaltanwendung abhängig macht von der moralischen Bewertung des Handelnden und von der jeweiligen Situation, in der Gewalt stattfindet. »Gewalt muß gerechtfertigt sein, dann ist sie gut und sinnvoll« (Müller/ Burschel, z. n. Findeisen/Kersten 1999, S. 84). In den Medien – aber eben nicht nur dort – werden dem Zuschauer Situationen aufgezeigt, in denen Gewalt als Mittel zur Konfliktbewältigung legitim erscheint. Lerntheoretisch kann diesbezüglich der Schluss gezogen werden, dass »Rezipienten aus den Medien gewalttätiges Verhalten«, lernen und

> »unter bestimmten Bedingungen auch anwenden. Zu diesen Bedingungen zählen z. B. der Zugang zu Waffen, eine Situation, in der Gewaltanwendung die einzige Handlungsalternative zu sein scheint [...]. Entscheidend ist, dass es einen Auslöser für die Gewalttat in der sozialen Realität gibt, d. h. es entsteht eine Situation, in der eine Person Gewalt anwenden will, und in dieser Situation orientiert sie sich unter anderem auch an medialen Vorbildern« (Mikos 2003, S. 56f.).

Zweifellos kann die permanente Diskriminierung und Erniedrigung, können Erfahrungen der Niederlage und des Verlustes als ein solcher Auslöser herangezogen werden. Dass man im Falle einer ausweglos erscheinenden Situation durchaus Gewalt anwenden kann und darf, dass man dort, wo es um das eigene Leben geht, den Angreifer ohne schlechtes Gewissen vernichten kann, diese Vorstellung existiert aber nicht erst seitdem *Mad Max* die Filmbühne betreten hat, sondern bildet ein uraltes Mittel zur Rechtfertigung von Gewalt. Es ist die Strategie der »Verdammung der Verdammenden« (Lamnek 2002, S. 1387), vorgeführt von Figuren wie *Rambo* oder Moses, der die ägyptischen Verfolger im Meer hat versinken lassen, von George Bush, der zum Schutz der USA Präventivkriege führt oder Bin Laden, der sich dazu aufgerufen fühlt, den Islam gegen die »Kreuzzügler« zu verteidigen. Es ist diese Auffassung von guter, weil gerechter Gewalt, die auch School-Shooter anwenden.

Es wurde bereits darauf hingewiesen, dass School-Shooter über die Inszenierung als Opfer ihre Gewalthandlung legitimieren. Indem sie öffentlich ihren Opferstatus hervorheben, fühlen sie sich berechtigt, zum Gegenangriff überzugehen. Ein Ausschnitt aus Cho Seung-Huis Video-Manifest mag dies noch einmal veranschaulichen:

»Wisst Ihr, wie man sich fühlt, wenn einem ins Gesicht gespuckt und Müll die Kehle hinunter gezwungen wird? Wisst Ihr, was für ein Gefühl das ist, sein eigenes Grab zu schaufeln? Wisst Ihr, wie man sich fühlt, wenn einem die Kehle von Ohr zu Ohr aufgeschlitzt wird? Wisst Ihr, wie es sich anfühlt, lebendig verbrannt zu werden? Wisst Ihr, wie es sich anfühlt, gedemütigt und am Kreuz aufgespießt zu werden, um zu Eurer Unterhaltung zu verbluten?«

Mit martialischen und bluttriefenden Metaphern versucht er, seine Situation anderen zu erklären und sich ganz bewusst als Opfer zu inszenieren, um damit sowohl vor sich selbst als auch vor anderen seine Gewalthandlung zu rechtfertigen. Mit Steinert (1997, S. 138ff.) kann diesbezüglich von einem »Interaktionsbündnis« zwischen ihm und seinem Publikum gesprochen werden.[2] Cho weiß, dass die Gesellschaft ihn und seine Tat verdammen wird und greift über das Bild der Selbstverteidigung zur vorgezogenen Rechtfertigung, um damit das eigene Selbstbild des Guten, des unschuldigen Opfers vor Verurteilungen durch andere zu schützen und »zu großen Schaden für die soziale Identität abzuwenden« (Lamnek 2002, S. 1381). Es ist das implizite Wissen, dass Gewalt gerechtfertigt werden muss, das viele School-Shooter zu einer letzten und endgültigen Botschaft veranlasst. Darin folgen sie einem kulturell vorgegebenen Muster, das auch – aber nicht nur – medial hergestellt und reproduziert wird.

Die bildhafte Sprache, die Cho in dem zitierten Ausschnitt verwendet, verweist auf einen zweiten Punkt, der erklären könnte, weshalb so viel Gewalt in den Medien gezeigt und konsumiert wird. »Gewalt übt generell eine Faszination aus, die offenbar ›die Faszination der Sinnlichkeit der Gewalt‹ ist, die ›Erfahrung eines physischen und emotionalen Erlebens, das die Grenzen des Alltäglichen verlässt‹« (von Trotha, z.n. Mikos 2003, S. 59). Gewalt in den Medien ist interessant nicht nur, weil dadurch implizite Gerechtigkeitsvorstellungen bedient werden, sondern auch als Selbstzweck, schlichtweg, um sich an der Gewalt als solcher zu

---

2 Mit Interaktionsbündnis meint Steinert (1997, S. 138f.) die »Gesamtheit der Normen und Erwartungen, die mit einer bestimmten Situation verbunden […] oder auch die Gesamtheit des Wissens und Könnens, das gegeben sein muß, damit eine Situation gemäß ihrer Definition funktionieren und verstanden werden kann.«

ergötzen. Reale wie fiktive Gewalterlebnisse erlauben es, den Alltag zu durchbrechen und stellen eine existenzielle Erfahrung zwischen Leben und Tod dar. Splatterfilme, in denen die Handlung nebensächlich ist, bedienen das Bedürfnis nach Blut und abgetrennten Körperteilen, ohne dass der Zuschauer Gefahr läuft, selbst getötet zu werden. Aus sicherer Entfernung heraus kann er sich dem Rausch des Existenziellen hingeben. Um seine Schaulust zu befriedigen, werden Menschen gefoltert und abgeschlachtet, zu seinem Vergnügen müssen andere sterben. Es ist ein Gefühl von Macht, das den Zuschauer bei derartigen Sendungen überkommt – dies um so mehr noch, wenn man selbst derjenige ist, der am Abzug sitzt und über Leben und Tod entscheiden kann, wie es bei den sogenannten »Killerspielen« der Fall ist.

Es mag den meisten Ego-Shooter-Spielern lediglich um den Spaß an der Sache gehen, nur darum, Punkte zu sammeln wie in jedem anderen Spiel auch. Die Faszination, die von diesen Spielen ausgeht, gründet sich jedoch auch in der Tatsache, dass damit frühkindliche Wünsche nach Größe und Allmacht befriedigt werden können. Doch ist es weder gefährlich, noch moralisch fragwürdig, wenn sich ein Jugendlicher eine Stunde am Tag vor den Computer setzt und virtuelle Figuren tötet. Wer eine Vorliebe für bluttriefende Horrorfilme hat und lacht, wenn Arme und Beine abgehackt werden, muss darüber nicht gleich abstumpfen gegenüber realer Gewalt, wie dies die Vertreter der Habitualisierungsthese[3] behaupten. Vielmehr kommt es auf die Situation an, wann und warum jemand zu gewalthaltigen Medien greift und wie er diese verarbeitet. Denn »weder wirken [...] alle Medieninhalte gleich, noch ist jeder Nutzer der Medieninhalte von bestimmten Effekten betroffen« (Robertz/Wickenhäuser 2007, S. 54). Wann und warum also greifen School-Shooter zu Filmen und Computerspielen, in denen Gewalt praktiziert wird?

Neben dem Zweck, sich zu unterhalten, deuten einige Anzeichen darauf hin, dass die späteren Täter gewalthaltige Medienprodukte auch zur Kompensation realer Ohnmachtsgefühle genutzt haben könnten.

---

3 Die Anhänger dieser Theorie gehen von der Grundannahme aus, dass die »Beobachtung von Gewalt [...] einen Abstumpfungseffekt gegenüber den erschreckenden medial gezeigten Gewalttaten [bewirke], Gewalt werde damit veralltäglicht« (Lukesch 2002, S. 650).

Bastian Bosse etwa hat im Selbstbaumodus von *Counterstrike* ein Level mit dem Grundriss seiner Schule entworfen. Man wird sich vorstellen können, dass er dort wieder und wieder virtuell den Tag seiner Rache durchgespielt und sich so bereits Befriedigung verschafft haben wird. Knapp ein Jahr vor seinem Amoklauf spricht Eric Harris in seinem Tagebuch davon, man müsste einen »ULTIMATE DOOM[4] test« veranstalten, um ein für allemal und endgültig festzustellen, wer tatsächlich überlegen und mächtig ist:

> »see who can survive in an environtment using only smarts and military skills. put them in a doom world. no authority, no refuge, no BS copout excuses. If you cant figure out the area of a triangle or what »cation« means, you die! if you cant take down a demon w/a chainsaw or kill a hell prince w/a shotgun, you die! fucking snotty rich fuckheads [Censored by J.C.Sheriff Office] who rely on others or on sympathy or $ to get them through life should be put to this challenge.«

Er, der real ausgeschlossen war und sich auf der untersten Stufe der sozialen Leiter befand, könnte im Spiel das gefunden haben, wonach es ihn verlangt hat. Anerkennungsdefizite durch die soziale Umwelt könnten so ausgeglichen, reale Ohnmachtsgefühle in Fantasien der Allmacht und Omipotenz gewandelt worden sein. Die Handlungsweise, die er im Spiel praktiziert, die im Spiel einstudierte gewaltsame Problemlösungsstrategie, überträgt er später in die reale Welt. Mehr und mehr scheint er dabei die Kontrolle über seine destruktiven Fantasien zu verlieren, wie folgende Abschnitte belegen können:

> »I have a goal to destroy as much as possible so I must not be sidetracked by my feelings of sympathy, mercy, or any of that, so I will force myself to believe that everyone is just another monster from Doom like FH or FS or demons, so It's either me or them. I have to turn off my feelings.« keep this in mind, I want to burn the world [...]« (Eric Harris Tagebuch).
> »Everything I see and I hear I incorporate into NBK[5] somehow. Either

---

4 *Doom* ist ein bekanntes Ego-Shooter-Computerspiel.
5 Die beiden Täter verwenden NBK als Kürzel für ihren Amoklauf. Es steht für den Oliver Stone Film *Natural Born Killers* (1994).

bombs, clocks, guns, napalm, killing people, any and everything finds some tie to it. feels like a Goddamn movie sometimes« (Eric Harris Tagebuch)

Wie die Protagonisten des Films *Natural Born Killers* will auch er ohne Mitleid so viele Menschen wie möglich töten. Mag sich sein Hass vielleicht auch primär gegen Jocks richten, schließlich scheint es ihm gleich zu sein, wen er tötet. Hauptsache es sind viele, Hauptsache sie stellen einen neuen Rekord in »Abschüssen« auf:

»DYLAN: ›The most deaths in U.S. history.‹
ERIC: (kisses his shotgun) ›Hopefully.‹
DYLAN: ›We're hoping. We're hoping. I hope we kill 250 of you. It will be the most nerve-racking 15 minutes of my life, after the bombs are set and we're waiting to charge through the school. Seconds will be like hours. I can't wait. I'll be shaking like a leaf‹« (Klebold/Harris Basement-Tapes).

Es ist der narzisstische Wunsch nach Größe und Bedeutung, der sich in derartigen Aussagen artikuliert. Ein Amoklauf an einer Schule ist damit auch ein Versuch, Unsterblichkeit zu erlangen durch einen grandiosblutigen Abgang. »Damit mich nie wieder ein Mensch vergisst«, schreibt Bastian Bosse in seinem Abschiedsbrief, »Ich will das sich mein Gesicht in eure Köpfe einbrennt!« Wieder und wieder spielen School-Shooter ihren Amoklauf in ihrer Fantasie durch und verschaffen sich so bereits vor ihrer Tat Befriedigung.

»Stell Dir vor du stehst in deiner alten Schule, stell dir vor der Trenchcoat verdeckt all deine Werrkzeuge der Gerechtigkeit, und dann wirfst du den ersten Molotov Cocktail, die erste Bombe. Du schickst deinen meist gehassten Ort zur Hölle!« (Bastian Bosse Tagebuch)
»In 3 days it's all over. People will be lying dead on school grounds, the school will be burning and my brain will be blown out!« (Bastian Bosse Tagebuch)

Viele drehen vor ihrer Tat Videos, in denen sie sich als kaltblütige Killer oder schwarze Rächer inszenieren. Jeffrey Weise stellte fünf Monate vor seinem Amoklauf einen Animationsfilm ins Internet, in dem der

Protagonist Amok läuft, um sich anschließend zu erschießen (vgl. http://www.newgrounds.com/portal/view/195194, Stand 18. Juni 2008). Die Columbine-Täter drehten für ein Schulprojekt ein Video mit dem Titel »Hitmen-for-Hire«, in dem sie die Rolle des Rächers der Entrechteten übernehmen. Michael Carneal fertigte für die Schule ein Essay an, in dem es darum ging, Preps zu töten (vgl. Newman et al. 2004, S. 93f.). In einem im Internet veröffentlichten Video ist Bastian Bosse während einer Scheinexikution zu sehen. T.J. Solomon schrieb in einem Songtext: »Laughin' at my victims as they drop to their knees. Beggin' for their life, screamin' please, dear God, don't let this crooked motherfucker murder me« (Robertz/Wickenhäuser 2007, S. 94).

Was anfänglich noch dem Zweck dient, Gefühle der Minderwertigkeit zu kompensieren, entwickelt sich im Vorfeld der Tat zum vorgezogenen Triumphgeschrei über jene, die sie gedemütigt haben. Ganz real halten sie sich schließlich für jene Killer, die sie in der virtuellen Welt längst sind. Bastian Bosse, Robert Steinhäuser, die beiden Columbine-Amokläufer, sie alle maskierten sich und wurden so zu unbarmherzigen Rächern ihrer selbst und all jener, in deren Auftrag sie sich zu kämpfen aufgerufen fühlten. Der Schulversager Robert Steinhäuser, der körperlich misshandelte Bastian Bosse, die gedemütigten Harris und Klebold sind nicht länger schwach und wehrlos, nicht länger diejenigen, über die ungestraft gelacht werden darf. Sie sind Krieger in einer Schlacht, Revolutionäre und Kämpfer für eine gerechte Sache. Als Andrew Golden und Mitchell Johnson Amok liefen, trugen sie Tarnanzüge und feuerten – wie Scharfschützen – aus einem Unterschlupf heraus auf ihre Mitschüler. Barry Loukaitis verkleidete sich für seinen Amoklauf als Wildwest-Revolverheld. Mit einem langen schwarzen Trenchcoat, einem Cowboy-Hut und einem Patronengürtel, in dessen Halfter zwei Pistolen steckten, betrat er seinen Klassenraum, tötete zunächst seine Mathelehrerin, drehte sich dann zu seiner Klasse herum und sagte: »This sure beats algebra, doesn't it« (z.n. Newman et al. 2004, S. 252)? Was wie ein zynischer Kommentar klingen mag, ist tatsächlich ein Zitat aus Stephan Kings Roman *Rage* aus dem Jahr 1977 (vgl. ebd.), in dem ein Jugendlicher an seiner Schule Amok läuft. Ein Exemplar davon findet die Polizei auf Loukaitis Nachttisch.

Bücher, Filme, Computerspiele und Musik – dies alles kann, so muss abschließend gesagt werden, School-Shootern als Vorlage für ihre Tat dienen. *Doom* und *Counterstrike*, *Marylin Manson* und *Rammstein*, *Natural Born Killers* und *Predator* sind Teil ihrer destruktiven Fantasien und mögen sie mitunter gefüttert haben. Ihre Fantasien selbst aber sind entstanden durch negative Erfahrungen in der sozialen Umwelt. Damit Mediengewalt negativ wirken kann, braucht es einen äußeren Anlass. Dann, und nur dann, können die konsumierten Bilder zu einem verstärkenden Faktor werden, als Quelle der Inspiration, nicht als *direkte* Ursache von Gewalt.

Nachahmung

Am 20. Mai 1999, genau einen Monat nach den Geschehnissen in Littleton, betrat der 15-jährige T.J. Solomon mit einem abgesägten Gewehr seine Schule in Conyers (Georgia) und eröffnete das Feuer auf seine Mitschüler. Solomon soll, so Robertz/Wickenhäuser (vgl. 2007, S. 94) dabei absichtlich auf die Beine seiner Mitschüler geschossen haben, sodass keiner getötet und lediglich sechs Menschen verletzt wurden. In seinem Zimmer findet die Polizei einen Zettel mit folgender Notiz:

> »No one could ever know how I feel. […] One big Question everyone's probably wondering about now is WHY?! Well, for the sake of my brothers and sisters related to the trenchcoat mafia, that will have to remain a mystery to the public eye. I have been planning this for years, but finally got pissed enough to really do it« (z.n. Robertz/Wickenhäuser 2007, S. 94).

Explizit bezieht sich Solomon auf den Amoklauf an der Columbine High School (»for the sake of my brothers and sisters related to the trenchcoat mafia«). Auch wenn er, wie er sagt, seinen Amoklauf schon seit Jahren geplant haben sollte, scheint das School-Shooting in Littleton offenbar beim Tatentschluss eine entscheidende Rolle gespielt zu haben. In den Tagen vor seinem Amoklauf kritisierte Solomon Klebold und Harris dafür, dass sie nur ganz bestimmte Personen (Schwarze, Jocks) erschossen hätten und »that if he […] ever shot at Heritage [High School], that he wouldn't take any time to aim, that he would shot at everybody« (Newman et al. 2004, S. 250).

Solomon zeigt hier ein Verhalten, das für viele School-Shooter charakteristisch ist. Schon Eric Harris nimmt in seinem Tagebuch Stellung zum School-Shooting in Paducah (vgl. Robertz/Wickenhäuser 2007, S. 84). Bastian Bosse erwähnt in seinem Tagebuch den Amoklauf von Kimveer Gill. Robert Steinhäuser recherchierte im Internet über Amokläufer und soll laut Robertz (vgl. 2004, S. 233f.) ein intensives Interesse an den School-Shootings von Jason Hoffmann (2001) und Andy Williams gezeigt haben. Als Kip Kinkel im März 1998 vom Amoklauf in Jonesboro erfuhr, soll er zu einem Freund gesagt haben: »Hey, that's pretty cool« (http://www.pbs.org/wbgh/pages/frontline/shows/kinkel/kip/cron.html, Stand: 27. Juni 2008). In der Wahrnehmung der Täter spielen vorangegangene School-Shootings also eine wichtige Rolle. Die Presseberichterstattungen und Medienberichte zeigen ihnen, dass sie über einen Amoklauf Sichtbarkeit herstellen und den Status einer Berühmtheit erlangen können. Ähnlich den fiktionalen Gewaltdarstellungen liefern ihnen die Bilder vorangegangener School-Shootings ein Muster für ihre eigene Tat. Es wird ihnen eine Möglichkeit aufgezeigt, die Kontrolle über ihr Leben zurückzugewinnen und sich gewaltsam in den Mittelpunkt der Welt zu schießen. Sie können »Teil einer medialen Serialität« (Robertz 2004, S. 87) werden, »Akteure eines medienindizierten Fortsetzungsschauspiels. Es hat Taten vor ihnen gegeben und es wird Taten nach ihnen geben, doch sie können durch ein School-Shooting selbst für immer ein recherchierbarer Teil dieser großen Geschichte sein« (ebd., S. 182). Dazu schreibt Bastian Bosse passend in seinem Tagebuch:

> »Eric Harris – der wohl vernünftigste Junge den eine High School bieten kann ... pff ... ERIC HARRIS IST GOTT! Da gibt es keinen Zweifel. Es ist erschreckend, wie ähnlich Eric mir war. Manchmal kommt es mir als würde ich sein Leben noch mal leben, als wenn sich alles das noch mal wiederholen würde. Ich bin keine Kopie von REB [Harris], VoDKA [Klebold], Steini, Gill, Kinkel, Weisse oder sonst wem! Ich bin die Weiterentwicklung von REB! Aus seinen Fehlern habe ich gelernt, die Bomben. Aus seinem ganzen Leben habe ich gelernt.«

Über die Bezugnahme zu vorangegangenen School-Shootings reihen sie sich ein in die Ahnengalerie der von ihnen vergötterten, fast schon mythischen Helden und werden damit in ihrer Vorstellung gleichsam zu gottähnlichen Wesen. Zugleich legen sie Wert darauf, nicht als Nachahmungstäter betrachtet zu werden.

»Bevor jemand von Euch behauptet ich sei ein Nachahmungstäter von Harris oder sonst wem, sollte er einen Moment nachdenken: Ist ein kleiner Dorfpriester nur ein ›Nachahmungstäter‹ des Papstes? Nein! Natürlich nicht! Er glaubt an die selbe Sache wie der Papst, aber er macht ihn nicht nach. Er hat die gleiche Sicht der Dinge. Er ist, wie der scheiss Papst, Teil eines ganzen« (Bastian Bosse Tagebuch).

Es würde ihren Ruhm schmälern, würde man sie lediglich als Kopien ansehen. Einzigartig wollen sie sein in dem, was sie tun, doch zugleich die »Weiterentwicklung« einer großartigen Sache, für die sie heldenhaft ihr Leben zu opfern bereit sind. »Ich musste das nicht tun [...]«, meint Cho Seung-Hui in einem seiner Videos, »aber ich renne nicht mehr davon. Wenn nicht für mich, dann für meine Kinder und meine Brüder und Schwestern. Ich habe es für sie getan.« Pekka-Eric Auvinen ruft während seines Amoklaufs mehrfach die Revolution aus und fordert seine Mitschüler auf, Schuleigentum zu zerstören und Bastian Bosse will, so ist seinem Abschiedsbrief zu entnehmen, seinen »Teil zur Revolution der Ausgestossenen beitrage[n]«. Ihrem Selbstverständnis nach bilden School-Shooter die Speerspitze einer revolutionären Bewegung, die sich gegen die Unterdrückung der »Ausgestossenen« (Bastian Bosse Abschiedsbrief) und »Misshandelten« (Luke Woodham Manifest) zur Wehr setzt und für eine gerechte Sache kämpft. Durch die Berufung auf hehre Ziele besitzen sie nicht mehr nur das Recht, sich zur Wehr zu setzen; es ist eine heilige Pflicht, zu kämpfen und zum Gegenangriff überzugehen. Die Inszenierung als Märtyrer erlaubt es, sich über das Tötungstabu hinweg zu setzen und stellt sicher, dass man ihrer als Helden gedenken wird.

Tatsächlich scheint sich mittlerweile ein regelrechter Kult um das Phänomen School-Shooting entwickelt zu haben. Insbesondere der Amoklauf von Littleton zog ein ungeheures Medieninteresse nach sich. Michael Moore drehte einen oscarprämierten Dokumentarfilm (*Bowling for Columbine*, 2002) über den Amoklauf an der Columbine High School, Gus van Sant gewann für seinen Film *Elephant* (2003) die Goldene Palme der Filmfestspiele von Cannes. In dem Lowbudget-

Filmprojekt *Zero Day* (2003) stellt der Regisseur Ben Coccio die Basement-Tapes der beiden Täter nach. Mögen diese Arbeiten auch noch so gesellschaftskritisch und cineastisch experimentell sein, faktisch können auch sie handlungsanregend wirken auf potenzielle Nachahmungstäter. Dass Klebold und Harris sich der Medienwirksamkeit ihrer Tat durchaus bewusst waren, geht u. a. aus folgendem Dialog hervor: »Directors will be fighting over this story. I know we're gonna have followers because we're so fucking God-like« (Basement-Tapes). School-Shooter legen es darauf an, berühmt zu werden und steigern das ohnehin bereits vorhandene Interesse an ihnen und ihren Taten durch Fotos und Videos, die sie selbst ins Internet stellen.[6]

> »Die Tat wird [...] von den Jugendlichen regelrecht inszeniert und der Wunsch nach Medienpräsenz wird ihnen von der Presse in der Regel auch erfüllt. Aus einem Tief ihres Lebens heraus erreichen sie durch ihre Handlungen eine Berühmtheit, die ihnen ansonsten nie vergönnt gewesen wäre. Die introvertierten Einzelgänger [...] erlangen letztlich den Status eines devianten Superstars« (Robertz 2004, S. 181).

Tatsächlich kursieren im Internet unzählige Videos, in denen den Tätern Verständnis bis hin zu offener Bewunderung entgegengebracht wird. Computerspiele wie *Super Columbine Massacre RPG!*, Videos auf Youtube mit Titeln wie »*Eric Harris Tribute*« oder »*RIP Eric Harris*«, dazu Kommentare wie »Goo NBK r.i.p Eric Harris« oder »Reb is God« zeugen davon, dass im Internet mittlerweile eine Subkultur entstanden zu sein scheint, deren Anerkennung sich die späteren Täter sicher sein dürften. Ganz gleich, ob die oben zitierten Aussagen im Spaß geäußert wurden, ob die Tribute-Videos lediglich als Provokation gedacht waren, könnte die Wahrnehmung derartiger Kommentare durch die späteren Täter ein verstärkender Faktor hin zum Tatentschluss gewesen sein. Derartige Videos vermitteln die Botschaft, es sei gut und gerecht, Amok zu

---

6 Auch wenn Tim Kretschmer seine Tat nicht, wie ursprünglich angenommen, vorab im Internet angekündigt haben mag und keine Videos und Fotos von sich ins Netz gestellt hat, scheint auch er sich dafür interessiert zu haben, ob und wie die Medien über ihn berichten. So forderte er etwa mehrfach seine Geisel auf, das Radio einzuschalten.

laufen, es sei ein ehrwürdiger und bewundernswerter Akt der Selbstaufopferung. Jugendliche, die sich in einer ähnlichen Situation befinden wie die späteren Täter, könnten dadurch erst auf die Idee gebracht werden, über einen Amoklauf ihre Probleme gewaltsam zu lösen und sich das zu verschaffen, was ihrem Leben abhanden gekommen ist: Anerkennung.

Dafür allerdings braucht es nicht einmal eine positive Bestätigung durch die soziale Umwelt. Allein die Pressemeldungen über School-Shootings können als Anreiz dienen, sich in den Heldenstatus der School-Shooter-Subkultur zu schießen. Robertz (vgl. 2007, S. 99f.) hat diesbezüglich verschiedene Faktoren herausgearbeitet, die eine handlungsanregende Wirkung entfalten könnten. So lieferten vereinfachende Erklärungsversuche möglichen Nachahmungstätern leicht Anschlussmöglichkeit. Durch die Wiedergabe bzw. Veröffentlichung von Selbstdarstellungsvideos oder Tagebüchern würde eine Idealisierung des Täters befördert und die Identifikation mit ihm und seiner Gedankenwelt erleichtert. Auch der Einsatz sprachlicher Mittel zur Erzeugung von Emotionen, wie etwa das Erzählen von Heldengeschichten oder die bildhafte Schilderung des Todes der Täter bzw. ihrer Opfer, kann ein Anreiz sein, durch eine vergleichbare Handlung Teil dieser Geschichte zu werden.[7] Es gälte, so Robertz, möglichst abstrakt und emotionslos zu berichten, um möglichen Nachahmungstätern keinerlei Möglichkeiten zu geben, sich mit den Tätern zu identifizieren.

Selbst wenn aber all diese Ratschläge von den Medien befolgt werden würden, blieben immer noch die Reaktionen der Öffentlichkeit auf einen Amoklauf, die zur Nachahmung anregen könnten. Man mag der Bevölkerung nicht das Bedürfnis öffentlicher Anteilnahme und Trauer-

---

[7] So wurde etwa der Lehrer Heise, der Robert Steinhäuser die Maske abgezogen und ihn in einen Klassenraum eingesperrt haben soll, nachträglich zum Helden erklärt. Ähnlich verhält es sich mit Rachel Scott, einer Schülerin, die beim Columbine-Amoklauf getötet wurde. Angeblich soll Rachel Scott von den beiden Tätern gefragt worden sein, ob sie an Gott glaube. Erst als sie diese Frage bejahte, soll sie von Klebold und Harris erschossen worden sein. Die religiöse Rechte in den USA erklärte Rachel Scott daraufhin zur Märtyrerin und nutze die Geschichte politisch aus (vgl. Brown/Merritt 2002, S. 147ff.). Dass Nachrichten Realität konstruieren können, zeigt der Fall Pekka-Eric Auvinen. Während seines Amoklaufs stellte er einem Mädchen dieselbe Frage, die Klebold und Harris Rachel Scott gestellt haben sollen.

arbeit absprechen. Wenn Tausende aber den öffentlichen Gottesdienst besuchen und bundesweit eine Schweigeminute ausgerufen wird wie nach dem Amoklauf von Erfurt, wenn die Fahnen an öffentlichen Gebäuden auf Halbmast gesetzt werden und Politiker einen Tag der Trauer für ganz Deutschland ausrufen wie nach dem Amoklauf in Winnenden, dann tut man genau das, was School-Shooter wollen: Man gesteht ihnen jenes Maß an Öffentlichkeit ein, nach dem es ihnen verlangt und das ihnen im Leben vorenthalten worden ist. School-Shooter wissen, wie die Öffentlichkeit reagieren wird. Sie kennen die Debatte um Killerspiele und um einen allgemeinen Wertezerfall. Sie wissen, man wird sie als kaltblütige Killer darstellen und sie legen Wert darauf, dass genau dies geschieht. Nur so erklärt sich, weshalb Cho Seung-Hui auf einem Foto als hammerschwingender Mörder posiert, weshalb die beiden Columbine-Amokläufer auf einem Klassenfoto kurz vor ihrer Tat wie das Klischee eines wahnsinnigen Massenmörders blicken, weshalb Bastian Bosse, Pekka-Eric Auvinen und Kimveer Gill sich mit gezogener Waffe ablichten und diese Fotos ins Internet stellen. Es sind diese Bilder und Videos, die mitten in das Herz der trauernden Öffentlichkeit stoßen, Botschaften eines Wahnsinnigen aus dem Jenseits, der zurückkommt, um seine Opfer noch einmal zu verspotten, die sicher stellen, dass man sich ihrer erinnern wird – ob nun als menschenverachtende Schlächter oder als selbstlose Märtyrer.

Waffen

Wie aufgezeigt, wurden fast alle School-Shootings mit Schusswaffen verübt. Nur in den seltensten Fällen wurden diese Waffen auf legalem Weg erworben, was darin begründet ist, dass die meisten Täter zum Zeitpunkt ihres Amoklaufs minderjährig waren. Zumeist stammten die für den Amoklauf benutzten Waffen aus dem eigenen Elternhaus, in einigen Fällen – wie etwa bei den Columbine-Amokläufern – waren ältere Freunde an der Waffenbeschaffung beteiligt, in lediglich einem Fall (Toby Sincio) wurde die Tatwaffe aus einem Auto heraus gestohlen. Die überwiegende Mehrheit aller School-Shooter besaß folglich einen direkten Zugang zu Schusswaffen. Inwieweit dies als mittelbarer Bedingungsfaktor eines School-Shootings herangezogen werden kann, soll im Folgenden untersucht werden.

Zunächst einmal ist diesbezüglich zu sagen, dass nicht jeder, der eine Schusswaffe besitzt, automatisch zum Mörder wird. Nicht die Waffe tötet einen anderen Menschen, sondern derjenige, der den Abzug betätigt. Auch School-Shooter nutzen Waffen zunächst nur zu Unterhaltungszwecken. Sie gehen mit Verwandten auf die Jagd, spielen Gotcha oder treffen sich mit Freunden im Wald, um auf Bäume zu schießen. Seth Trickney (1999) interessierte sich für Militär-Taktiken, Kip Kinkel und Robert Steinhäuser luden sich aus dem Internet das *anarchistische Kochbuch* herunter, in dem unter anderem beschrieben wird, wie sich Sprengstoff aus Haushaltsgegenständen herstellen lässt; Nicholas Elliot (1988), Jason Hoffman und Barry Loukaitis lasen häufiger Zeitschriften über Waffen und Tim Kretschmer besaß mehrere Softair-Guns, die er voller Stolz seinen Freunden vorzeigte. Es mag ein recht eigenwilliges Hobby sein, sich für Schusswaffen zu interessieren. Doch dürften die späteren Täter diese Faszination mit hunderttausenden anderen Jugendlichen und Erwachsenen teilen. Insbesondere in den USA sind Schusswaffen in der amerikanischen Kultur und Geschichte tief verankert und dementsprechend weit verbreitet. Newman et al. (2004, S. 69) zufolge sind in den USA 200 Millionen Schusswaffen im Umlauf und circa 30% aller Erwachsenen besitzen eine solche. Auch scheint in ländlichen Gegenden – also dort, wo sich die meisten School-Shootings ereignen – die Rate der Waffenbesitzer höher zu liegen als in urbanen oder suburbanen Gemeinden (vgl. ebd., S. 260), sodass es dort auch für Jugendliche leichter sein dürfte, an Waffen heran zu kommen und Erfahrungen mit diesen zu sammeln. Ausgehend von der Tatsache, dass knapp 90% aller Amokläufe an Schulen mit Schusswaffen verübt werden, könnte also dieser leichte Zugang, das Vorhandensein einer Waffe im eigenen Elternhaus als mittelbarer Bedingungsfaktor eines School-Shootings herangezogen werden. »The presence of guns is clearly causally related to school shootings. Without guns they would not happen« (ebd.).

Es mag spekulativ sein, anzunehmen, dass T.J. Solomon oder Bastian Bosse ohne Schusswaffen nicht Amok gelaufen wären. Jedoch wären sie dann nicht dazu in der Lage gewesen, Columbine noch zu verbessern

(Solomon) oder sich als Weiterentwicklung von Klebold und Harris zu präsentieren (Bastian Bosse). Auch Barry Loukaitis Auftritt als Revolverheld wäre unglaubwürdig gewesen, wenn keine Revolver in seinem Pistolengürtel gesteckt hätten. Wenn School-Shooter durch gewalthaltige Medienprodukte oder vorangegangene Amokläufe zu ihrer Tat inspiriert werden können, so muss ein direkter Zugang zu Schusswaffen als verstärkender Faktor betrachtet werden, bietet ihnen das Vorhandensein einer Schusswaffe doch erst die Möglichkeit, ihren fiktiven wie realen Vorbildern nachzueifern. Wie nun aber ist die oben dargestellte Faszination für Waffen entstanden?

In einigen Fällen zumindest kann das starke Interesse an Waffen auf dessen Förderung durch das direkte soziale Umfeld zurückgeführt werden. Scott Pennington etwa ging mit seinem Vater auf die Jagd, Luke Woodham jagte mit Freunden, Charles Andrew Williams wurde von seinem Vater zum Tontaubenschießen mitgenommen, Tim Kretschmers Vater bewahrte fünfzehn Schusswaffen in seinem Haus auf und Anthony Barbao (1974) war Mitglied im Schützenverein seiner Schule. Obwohl Kip Kinkel schon mehrfach auffällig geworden war[8], kaufte ihm sein Vater im Alter von 14 Jahren eine 9mm Glock 19 und ein Jahr später ein großkalibriges Gewehr.[9] Offenbar scheinen viele School-Shooter also schlichtweg in einem sozialen Umfeld sozialisiert worden zu sein, in dem der Umgang mit und die Begeisterung für Schusswaffen zum Alltag gehörte. Im Sinne der Lerntheorie kann somit davon ausgegangen werden, dass viele School-Shooter den Einsatz von Schusswaffen und die Motivation, diese zu gebrauchen, von Familie und Bekannten übernommen haben.

Nun geht man aber nicht einfach in die Schule und tötet seine Mitschüler oder Lehrer, nur weil man weiß, wie eine Waffe funktioniert. Vielmehr braucht es, wie schon mehrfach betont wurde, für die Umsetzung devianten Verhaltens einen äußeren Anlass. Wie herausgearbeitet werden konnte, spielt der Wunsch, sich an denjenigen zu rächen, die einen oftmals über Jahre hinweg gedemütigt und erniedrigt haben,

---

8 Im Januar 1997 warf Kinkel mit einem Freund von einer Brücke aus Steine auf vorbeifahrende Autos.
9 Das Gewehr musste Kinkel immerhin selbst bezahlen.

bei vielen School-Shootings eine wichtige Rolle. Erst aber wenn sie sich nicht mehr anders zu helfen wissen, greifen School-Shooter auf gewalttätige Konfliktlösungsmodelle zurück. Hierbei allerdings spielt die Waffe eine gewichtige Rolle. Robertz (2004, S. 182) weist darauf hin, dass allein schon »der Besitz beziehungsweise die Beherrschung dieses gefährlichen Gegenstandes [...] Macht« verheiße und »die theoretische Möglichkeit, den eigenen Willen durchsetzen zu können«. Nur mit der Waffe in der Hand können die sozial marginalisierten Täter das reale Ohnmachtsgefühl in ein Gefühl absoluter Macht und Kontrolle wandeln. Dass viele School-Shooter ein fast schon intimes Verhältnis zu ihren Waffen führen, ihnen, wie Eric Harris, Pekka-Eric Auvinen und Bastian Bosse, Frauennamen geben und sie als »Werkzeug der Gerechtigkeit« (Bastian Bosse Tagebuch) oder »the great equalizer« (Kimveer Gill Vampirefreaks) bezeichnen, liegt darin begründet, dass ihnen die Waffe jenes Gefühl von Sicherheit verleiht, welches ihnen für ihr eigenes Leben abhanden gekommen ist. So ist es nicht verwunderlich, dass Waffen in der Fantasiewelt vieler School-Shooter eine große Bedeutung haben. Viele der späteren Täter zeigen sich in ihren Abschiedsvideos oder auf Fotos mit Waffen in der Hand oder drehen vor ihrer Tat Videos, in denen sie die Schlagkraft ihrer Waffen unter Beweis stellen. Von den beiden Columbine-Amokläufern existiert eine Aufnahme, in der die beiden späteren Täter zusammen mit Freunden im Wald auf Bäume schießen. Begeistert zeigen sie sich über die Vorstellung, die Kugel, die den Baum getroffen hat, könnte einen Menschen treffen. Pekka-Eric Auvinen schießt im Wald auf einen Apfel, Bastian Bosse zündet selbstgebaute Sprengkörper und stellt in einem Video Hinrichtungsszenen nach. Stolz listen die späteren Täter ihre Waffensammlungen auf:

> »Well folks, today was a very important day in the history of R [Reb, Anm. B. F.]. Today along with Vodka and someone else who I wont name, we went downtown and purchased the following; a double barrel 12ga. shotgun, a pump action 12ga. shotgun, a 9mm carbine, 250 9mm rounds, 15 12ga slugs, 40 shotgun shells, 2 switch blade knives, and total of 4 – 10 round clips for the carbine« (Eric Harris Tagebuch).

Im Tagebuch von Bastian Bosse heißt es:

> »Right now I'm, hiding a 12 Gauge Alarm Patrone in my godly hands! It's filled with circa 90 grain ass kickin' black powder which I need for my muzzle loader guns. On November 17, 20 or 21 I will blow up that fucking piece of shit school! This is a war; The whole World against RX! My weapons are:
> - .22 Single shot Rifle
> - .12 Gauge nuzzle loader Shotgun
> - .45 muzzle loader
> - Boot knife
> - Machete
> - Pepperspray
> - Smokegrenads (10)
> - Pipebombs (8)
>
> In the following days I will build more pipe bombs, Molotov cocktails and self made smoke grenades!«

Je mehr Waffen sie besitzen, desto stärker und mächtiger fühlen sich School-Shooter: »More guns is better: You have more power. You look better if you have a lot of guns. A kid would say one gun is good, but that Michael [Carneal] had a lot of guns« (z. n. Newman et al. 2004, S. 6). Gleichwohl sie während ihres Amoklaufs zumeist nur eine einzige Waffe einsetzen, scheinen sie besonderen Wert darauf zu legen, ein riesiges Waffenarsenal anzulegen. Denn für das, was sie vorhaben, für den Krieg (Bastian Bosse) oder die Revolution (Pekka-Eric Auvinen), für die meisten Morde in der U.S.-Geschichte (Klebold/Harris), wäre eine einzelne Waffe nicht ausreichend.

Allein der Erwerb einer Schusswaffen kann dann zu einer Intensivierung der Fantasie vom Amoklauf führen, wie folgender Abschnitt aus Eric Harris Tagebuch verdeutlicht: »We ... have ... GUNS! we fucking got em you sons of bitches! HA! HAHAHA! neener! Booga Booga. heh. its all over now. this capped it off, the point of no return.« Mit Robertz (2004) kann diesbezüglich von einer ersten Teilrealisierung gesprochen werden. Was zuvor lediglich eine abstrakte Idee gewesen sein mag, eine Wunschvorstellung von absoluter Macht und Kontrolle, wird durch den Erwerb einer Schusswaffe zu einer realen Möglichkeit. Das Selbstbild des »Killers« kann nun nicht mehr nur allein durch Worte aufrechterhalten werden, sondern kann tatsächlich in die Realität umgesetzt werden. Die Waffe, die Michael Carneal und Kip Kinkel mit in die Schule brachten, die Shotgun, die Robert Steinhäuser einem Freund zeigte, ist ein Symbol dafür, dass man sich vor ihnen in Acht zu nehmen hat, dass man ganz real gefährlich ist und Respekt verdient. Es ist der Versuch, glaubwürdig zu bleiben, authentisch auch vor sich selbst, der viele School-Shooter ganze Waffenarsenale anlegen und sie Videos drehen lässt von der Schlagkraft ihrer Waffen. Vernarrt sind viele in ihre Waffen, wie der Secret Service (2002, S. 27) schreibt, weil die Waffe der Schlüssel zum Ruhm ist, zu Macht, Kontrolle und Sicherheit. Es ist die objektive Möglichkeit, Menschen töten zu können, die School-Shooter, so kann abschließend gesagt werden, an Waffen so faszinierend finden. Ein leichter Zugang zu Schusswaffen bildet zwar nicht die Ursache eines School-Shootings. Allein der Erwerb und Besitz einer Waffe aber versetzt die Täter erst in die Position, absolute Macht und Kontrolle auszuüben und ihre destruktiven Fantasien zu realisieren.

Männlichkeit

School-Shooter sind fast ausschließlich männlich.[10] Wie der Amoklauf im Allgemeinen, so ist also auch die spezifische Form des Amoklaufs an Schulen ein geschlechtsspezifisch männliches Phänomen. Diese Eindeutigkeit bezüglich des Geschlechtes der Täter wirft die Frage auf, weshalb es gerade männliche Jugendliche sind, die an ihren Schulen Amok laufen.

Zunächst könnte man diesbezüglich einen Kausalzusammenhang zwischen Männlichkeit und Gewalt vermuten. So weisen etwa biologistisch-genetische Erklärungsmodelle devianten Verhaltens darauf hin, dass Männer aufgrund ihres höheren Testosteronspiegels generell eher zu gewalttätigem Verhalten neigten als Frauen. Testosteron fördere ag-

---

10 Robertz (2004, S. 62ff.) führt insgesamt drei School-Shootings an, die von weiblichen Tätern begangen wurden. Die 16-jährige Brenda Spencer (1979), die auf die Frage, weshalb sie Amok gelaufen sei, antwortete, sie würde keine Montage mögen, inspirierte die Band *The Boomtown Rats* zu ihrem Hit *I don't like Mondays* und erlangte dadurch traurige Berühmtheit. Der Amoklauf ist und bleibt ein interessantes Thema für die Kulturindustrie.

gressives und dominantes Verhalten, führe zu einer verringerten Aggressions- und Impulskontrolle und könne, so die Anhänger dieser Theorie, damit als ein wichtiger Faktor zur Klärung des geschlechtsspezifischen Unterschiedes bezüglich der Gewaltausübung herangezogen werden. Dass Männer so viel häufiger Gewalt anwenden und auch Amok laufen als Frauen, läge also an ihrer genetischen Veranlagung dazu (vgl. hierzu kritisch Kersten/Steinert 1997).

Mit Kersten (1997, S. 4) kann dem entgegnet werden, dass eine derartige Argumentation situative, soziale und kulturelle Aspekte von gewalttätigem Verhalten völlig außer Acht lässt.

> »Der biologistische Reduktionismus [...] bewirkt eine stereotype Grundannahme über die Konstitution des männlichen und weiblichen Geschlechtes. [...] Dadurch werden soziale und kulturelle Determinanten in der situativen, kontextbezogenen ›Bewerkstelligung‹ von Geschlechterzugehörigkeiten ausgeblendet.«

Um die geschlechtsspezifische Ausprägung von Kriminalität zu erklären, greift Kersten demgegenüber auf das Konzept des »accomplishing gender« zurück. Er versteht darunter »eine situations- und kontextbezogene Vielfalt von Interaktionen, in denen Individuen und Gruppen jeweils Männlichkeit und Weiblichkeit, auch durch Kriminalität ›bewerkstelligen‹« (ebd., S. 3). Männlichkeiten und Weiblichkeiten sind demnach soziale Konstrukte, die

> »in den verschiedensten sozialen Situationen öffentlich dargestellt, glorifiziert und verfestigt [werden]. [...] Über diese Darstellung werden Normen und Werte einer Gemeinschaft symbolisiert, aber auch gleichzeitig die Pflichten für den männlichen [und weiblichen, Anm. B.F.] Bevölkerungsanteil aufgezeigt« (Lübbert 2002, S. 46).

In Anlehnung an Connell hat Kersten (1997) drei wesentliche Punkte bestimmt, die kulturübergreifend das Männlichkeitsideal bilden:

> »– die sexuelle Vormachtvorstellung gegenüber Frauen und die Kontrolle von Frauen (*procreation*, i.e. Kontrolle des Nachwuchses)

– sowie die Vorherrschaft in den Männlichkeitsdomänen von innergemeinschaftlicher und nach außen gerichteter Gewaltanwendung (*protection*, i. e. Schutz vor inneren und äußeren Feinden)
– und die Macht über die Versorgung der Familie und Gemeinschaft«
(ebd., S. 54).

Es ist das patriarchiale Bild des Mannes als Oberhaupt, als Beschützer und Ernährer einer Familie, das sich in diesem Geschlechtsentwurf ausdrückt. Der »typische« Mann erscheint in diesem Konzept als »stark« und »mächtig«; Frauen und Kinder hingegen gelten als »schwach« und müssen von ihm beschützt werden. Über diese Vorstellung können bestehende Herrschaftsverhältnisse reproduziert und moralisch legitimiert werden. So erlaubt dieses Konzept, die Machtposition der Männer über die Frauen abzusichern, indem es letztere aus dem Arbeitsbereich heraushält und sie so in ein Abhängigkeitsverhältnis von Männern gedrängt werden. Die Dominanz der Männer über die Frauen ist also in erster Linie Resultat einer geschlechtlichen Arbeitsteilung und nicht Ausdruck einer schier naturwüchsigen Rollenverteilung. Sie wird sowohl institutionell (über die Einnahme wichtiger Machtpositionen im Bereich Politik, Wirtschaft, Militär und Religion) als auch kulturell und normativ (im Bereich der Sexualität und Ehe) abgesichert (ebd., 57ff.). Das Leitbild des dominanten und herrschenden Mannes erlaubt es, »Männlichkeit zu bewerkstelligen« (ebd., S. 63) über die öffentliche Darstellung von Macht. Die Ausübung von Macht gerät damit per se zur Bestätigung von Männlichkeit, sodass auch die Herrschaft von Männern über Männer als Beweis der Geschlechtszugehörigkeit herangezogen werden kann. Dies kennzeichnet das Konzept der hegemonialen Männlichkeit.

»Als hegemoniale Männlichkeit wird die hierarchische Ordnung von positiv legitimierten Männlichkeiten über Frauen und anderen subordinierten Männlichkeiten verstanden. Subordinierte Männlichkeiten sind Personen, die nicht an der hegemonialen Männlichkeit teilhaben [...]« (Lübbert 2002, S. 52), die also aufgrund ihres Äußeren (dick, klein), ihrer sexuellen Orientierung (homosexuell), ihres Verhaltens (abweichend) oder ihrer sozialen Position (arbeitslos) dem oben skizzierten Idealbild nicht entsprechen. Von kulturellen, sozialen und ökonomischen Ressourcen zur Bewerkstelligung von

Männlichkeit ausgeschlossen, greifen sie mitunter auf gesellschaftlich nicht legitimierte Darstellungsformen von Männlichkeit zurück. »Der Ausschluß aus [...] hegemonialer Männlichkeit rechtfertigt insofern eine Art Gegenstrategie als Gegenteil oder komplementärer Schatten hegemonialer Männlichkeit, die Mitgliedschaft in kriminellen oder abweichenden männlich dominierten Subkulturen« (Kersten 1997, S. 63).

Es wurde bereits darauf hingewiesen, dass männliche Jugendliche aufgrund ihrer sozialen Position noch nicht dazu in der Lage sind, ihrer Rolle als Mann gerecht zu werden. Doch stehen auch sie in der Pflicht, ihre Männlichkeit öffentlich unter Beweis zu stellen. Dies, so Newman et al. (vgl. 2004, S. 143ff.), geschähe vor allem über die Darstellung von medial als »typisch männlich« präsentierten Eigenschaften wie Durchsetzungsfähigkeit, Kraft, Stärke, Erfolg, Dominanz und sexueller Potenz und fände vor allem in Beziehungen zu Gleichaltrigen statt. Im Bereich der Sexualität etwa können männliche Jugendliche ihre Geschlechtszugehörigkeit über die sexuelle Beziehung zu einer Frau darstellen. So gilt doch Heterosexualität weithin als »männlich«, Homosexualität wird hingegen oftmals und immer noch als »unmännlich« aufgefasst. In Bezug zu gleichaltrigen männlichen Jugendlichen könne hegemoniale Männlichkeit über die Darstellung eigener Stärke und Kraft hergestellt werden. So ließe sich etwa durch herausragende sportliche Leistungen die eigene Überlegenheit über die männliche Konkurrenz belegen; am muskulösen Körper, der Ausdruck von Stärke und damit auch von Macht ist, lässt sich Männlichkeit ablesen. Auch die gezielte Demütigung und Erniedrigung anderer Männer lässt sich unter dem Aspekt der Bewerkstelligung von Geschlecht interpretieren. Durch systematische physische oder verbale Entmännlichung des Gegenübers kann der eigene Status als Mann hervorgehoben und die eigene Machtposition betont werden. Der Einsatz von körperlicher Gewalt diene dabei, so Newman et al., vor allem der Darstellung von direkter Macht über andere; verbale Attacken zielten eher auf das Selbstwertgefühl des Gegenübers.

Wie ausgeführt, machen School-Shooter prädeliktisch schwerwiegende Erfahrungen der Niederlage und des Misserfolges. Diese beziehen sich entweder auf die Institution der Schule als Erziehungs- und Selektionsanstalt oder spielen sich in ihrem Verhältnis zu Gleichaltrigen ab. Im Sinne Lübberts nun können all diese Erfahrungen als Konflikte bezeichnet werden, in denen die »Männlichkeit des Täters in seiner Funktion als Ernährer, Beschützer und Erzeuger bedroht oder angegriffen wird« (Lübbert 2002, S. 55). Schulische Misserfolge bedrohen die Täter in ihrer Funktion als Ernährer, Autoritätskonflikte mit der Lehrerschaft schränken sie in ihrer Machtposition als Mann ein und Konflikte mit Gleichaltrigen stellen ihre Zugehörigkeit zum männlichen Geschlecht gänzlich in Frage.

Insbesondere die Missachtung und Erniedrigung durch Mitschüler scheint School-Shooter stark getroffen zu haben. Wie schon erwähnt versuchte Michael Carneal sich das Leben zu nehmen, nachdem in der Schülerzeitung das Gerücht verbreitet wurde, er sei homosexuell. Viele der späteren Täter wurden, wie aufgezeigt, aufgrund ihres Äußeren, welches nicht dem körperlichen Ideal des kräftigen Mannes entsprach, verspottet. Barry Loukaitis wurde von seinen Mitschülern als »gaylord« beschimpft, die beiden Columbine-Täter wurden von ihren Mitschülern »faggots« genannt. Zumindest in einigen Fällen lassen sich auch partnerschaftliche Konflikte als tatauslösendes Moment bestimmen. Eric Houston verlor kurz vor seinem Amoklauf nicht nur seinen Job, sondern wurde auch von einer Frau zurückgewiesen. Gleiches gilt für Mitchell Johnson, der drei Wochen vor seinem Amoklauf von seiner Freundin verlassen wurde. Auch Luke Woodham, Andi Williams, Cho Seung-Hui und Tim Kretschmer wurden von Frauen zurückgewiesen. Was diese Zurückweisung in den Tätern ausgelöst haben könnte, lässt sich am Beispiel Bastian Bosses aufzeigen. Im Juni 2005 schreibt er in seinem Online-Tagebuch:

> »Leider musste ich in den letzten Wochen nicht nur feststellen das mein (damals) bester Freund sich an das Mädchen ranmacht das ich liebe, und auch sonst ein Arschloch ist, nein! Jetzt durfte ich auch noch erfahren das sie ihn liebt!
>
> Meine derzeitigen Gefühle lassen sich nicht wirklich in Worte fassen. ›Hass‹ wäre noch positiv ausgedrückt.
>
> Was hab ich denn jetzt noch zu verlieren … nichts – Ich habe schon alles verloren. Es ist die Hölle, ein Leben vergeudet … das darf alles nicht wahr sein.«

Dass ihn das Mädchen, in das er verliebt gewesen war, zurückgewiesen hat, war kränkend für ihn. Schlimmer noch war jedoch offenbar die Erfahrung, dass ein anderer das bekommen hat, was ihm allein doch zugestanden hätte. Auch Kimveer Gill kann nicht verstehen, weshalb er, der sich doch moralisch überlegen wähnt, keine Freundin hat. So urteilt er im Forum von Vampirefreaks: »Most of the fucking men on this earth don't deserve the women they have.« In einer fiktiven Geschichte über einen Konflikt zwischen dem jugendlichen John und seinem Stiefvater Richard McBeef, die Cho Seung-Hui für ein Seminar für kreatives Schreiben angefertigt hat, lässt sich folgendes lesen:

> »Guess what, Dick. You wanna know something? You wanna know why I don't like you? Because you can't provide for my mum. You barely make the minimum wage, man. [...] You were a janitor one time. You are a one time truck driver. You taught preschool kids for two month. And now you're what you like to call a chef what the rest of the world called a hamburger flipper. And as for you banging my mum [...].«

John hält seinen Stiefvater für nicht würdig, der Freund seiner Mutter zu sein, da er nicht dazu im Stande ist, für seine Familie zu sorgen. Die Unfähigkeit, seiner männlichen Rolle als Beschützer und Ernährer einer Familie zu entsprechen, rechtfertigt in Johns Augen den Mangel an Respekt, den er seinem Stiefvater entgegenbringt. Über weite Strecken der Geschichte beschimpft er seinen Stiefvater als »Arschloch« und »Hurensohn« und nennt ihn einen Pädophilen. Damit untergräbt er sowohl die Machtposition seines Stiefvaters innerhalb des Familiengefüges und unterstellt ihm zugleich, von der »Heterosexualitätsnorm« (Kersten 1997, S. 52) abzuweichen. Cho folgt in seiner Geschichte so dem Konzept hegemonialer Männlichkeit, das Anerkennung und Respekt von der Erfüllung des Männlichkeitsideals abhängig macht. Seine Geschichte gibt Auskunft über seine Vorstellung, was einen Mann auszuzeichnen hat. Zugleich ist es ein Versuch, real erlittene Niederlagen, die ihn auch in seiner Männlichkeit stark getroffen haben dürften, zu kompensieren.[11]

---

11 Cho war mehrfach durch Belästigung von Studentinnen aufgefallen. Nach einem Vorfall im Dezember 2005 informierte das Opfer die Campus-Polizei, die ihm einen

Fiktiv kommt er seiner Rolle als Mann nach und stellt so seine Zugehörigkeit zum männlichen Geschlecht dar. Ähnlich verhält es sich mit folgendem Beitrag aus Bastian Bosses Tagebuch. Am Abend vor seinem Amoklauf schreibt er:

> »I never had a girlfriend. I never kissed a girl but wait, there was this wannabe Gothic chick ... don't like these but I was drunk, so fuck that! I'm not gay! I don't think it's a problem if anyone is lesbian or gay, but I'm not.«

Bedenkt man, dass Bastian Bosse sein Tagebuch nicht nur für sich, sondern vor allem für ein Publikum geschrieben hat[12], lässt sich dieser Eintrag als Beweis seiner Heterosexualität – und damit auch seiner Männlichkeit – lesen. Eric Harris schreibt passend dazu in seinem Tagebuch: »Gays ... well all gays, ALL gays, should be killed. mit keine fragen. Lesbians are fun to watch if they are hot but still, its not human. It's a fucking disease.«[13] Über die demonstrative Ablehnung von »unmännlichem Verhalten« sucht Harris die gekränkte männliche Ehre wiederherzustellen. Indem er von der Heterosexualitätsnorm abweichende Männlichkeiten erniedrigt, stellt er seine Zugehörigkeit zum männlichen Geschlecht dar. Männliche Identität wird gewonnen in Abgrenzung zu dem, was kulturell als unmännlich ausgegeben wird.

School-Shooter folgen also in ihrem Verhalten und Denken den kulturellen Idealen jener Gesellschaft, von der sie ausgeschlossen sind. Als nutzlose und sexuell abseitige Männer gebrandmarkt, greifen sie zum Mittel der Gewalt, um Macht auszuüben und darüber Männlichkeit zu bewerkstelligen. Außer Stande, dem Männlichkeitsideal auf konventionellem Wege zu entsprechen, greifen sie auf gesellschaftlich geächtete Strategien zurück, wie folgender Beitrag aus Eric Harris Tagebuch verdeutlicht:

Besuch abstattete und ihn dazu aufforderte, die Annäherungsversuche zu unterlassen. Noch am selben Abend drohte Cho seinem Zimmernachbarn via E-Mail, sich umzubringen.

12 Dafür spricht etwa die Tatsache, dass er – zumindest die letzten Beiträge seines Tagebuchs – auf Englisch geschrieben hat.

13 In Eric Harris Tagebuch tauchen immer wieder Fragmente der deutschen Sprache auf. Auf der Columbine High-School hatte er einige Kurse Deutsch belegt.

> »You know what maybe I just need to get laid. maybe that'll just change some shit around. Thats another thing, I am a fucking dog. I have fantasies of just taking someone and fucking them hard and strong. someone like [censored] were I just pick her up, take her to my room, tear off her shirt and pants and just eat her out and fuck her hard. [...] I want to grab a few different girls in my gym class, take them into a room, pull their pants off and fuck them hard. I love flesh ... the smooth legs, the large breasts, the innocent flawless body, the eyes, the hair; jet black, blond, white, brown. ahhh I just want to fuck! call it teenage hormones or call it a crazy fuckin racist rapist ... BJ ist mir egal. I just want to be surrounded by the flesh of a woman, someone like [censored] who I wanted to just fuck like hell, she made me practically drool, when she wore those shorts to work.. instant hard on. I couldnt stop staring. and others like [censored] in my gym class, [censored] or whatever in my gym class, and others who I just want to overpower and engulf myself in them.«

Die Unmöglichkeit, über die sexuelle Beziehung zu einer Frau seine Männlichkeit zu demonstrieren, mündet in sadistischen Vergewaltigungsfantasien. Die gewaltsame Machtausübung über Frauen bildet eine Möglichkeit, seine Zugehörigkeit zum männlichen Geschlecht darzustellen für all diejenigen, die von der hegemonialen Männlichkeit ausgeschlossen sind. Dass es Eric Harris dabei weniger um die Befriedigung sexueller Bedürfnisse geht, denn vielmehr um die Darstellung von Macht schlechthin, zeigt der zweite Teil dieses Abschnittes. Dort heißt es:

> »I want to tear a throat out with my own teeth like a pop can. I want to gut someone with my hand, to tear a head off and rip out the heart and lungs from the neck, to stab someone in the gut, shove it up to the heart, and yank the fucking blade out of their rib cage! I want to grab some weak little freshman and just tear them apart like a fucking wolf. show them who is god. strangle them, squish their head, bite their temples into the skull, rip off their jaw. rip off their colar bones, break their arms in half and twist them around, the lovely sounds of bones cracking and flesh ripping, ahh ... so much to do and so little chances.«

Reale Machtlosigkeit schlägt um in wilde Gewaltfantasien, der Erniedrigte träumt davon, selbst zu erniedrigen und tut es schließlich, indem er andere Menschen tötet. Nicht länger entscheidend ist, wen die Kugel trifft, wenn das einzige Ziel die Darstellung von Macht selbst ist. Ein Amoklauf ist also auch das gewaltsame Eintreiben von Respekt, die Wiederherstellung der gekränkten männlichen Ehre. Das tausendfach verbreitete Bild der Einzelkämpfer- und Kriegermännlichkeit, zelebriert in Filmen wie *Mad Max* oder *Rambo*, real längst überholt, doch kulturindustriell massenhaft vermarktet, leben School-Shooter aus und stellen so ihre Zugehörigkeit zum männlichen Geschlecht dar.

> »Hier [in derartigen Filmen, Anmerkung B. F.] ist von vornherein die Gewalt entgrenzt, eingeschränkt allenfalls durch ein Prinzip des sparsamen Einsatzes der Mittel. Die Selbstverdinglichung ist hier die zu einer Maschine, die perfekt funktioniert, um den gewünschten Effekt zu erreichen. [...] Die damit präsentierte Männlichkeit [...] ist die abstrakte Gewalt des Technikers und Fachmanns, die unpersönlich auf möglichst gründliche Vernichtung von Feinden und Störern aus ist« (Cremer-Schäfer/Steinert 1998, S. 143).

Gewalt, die School-Shooter anwenden, dient also auch der Bewerkstelligung von Geschlecht. Es ist der Beweis ihrer Männlichkeit, den sie mit ihrem Amoklauf erbringen. Deswegen auch suchen sie nicht die Hilfe anderer, deswegen auch bringen sie sich nicht einfach um. Beides wäre ein Zeichen von Schwäche, ein Eingeständnis von Selbstaufgabe und Resignation (vgl. Newman et al. 2004: 149). Ein »echter Mann« aber gibt nicht einfach auf. Er rennt nicht einfach davon (vgl. Cho Seung-Hui Video-Manifest) oder verkriecht sich in seinem Zimmer (vgl. Bastian Bosse Online-Tagebuch). Ein »echter Mann« stellt sich todesmutig dem Feind und stirbt, wenn es sein muss, wie ein Held auf dem »Schlachtfeld« (Bastian Bosse Abschiedsbrief), auf dass man sich seiner erinnert – als »echten Mann«.

Die Kultur der Gewalt

Ziel dieses Kapitels war es, aufzuzeigen, dass School-Shooter in ihrem Handeln einem kulturellen Muster folgen, das Gewalt in bestimmten Situationen als sinnvolle Handlungsweise präsentiert. Vor allem die Rolle der Medien darf hierbei nicht unterschätzt werden. Über fiktionale

Gewaltdarstellungen in Film, Fernsehen und Computerspielen werden Legitimationsgrundlagen für Gewalthandlungen an die späteren Täter herangetragen, die diese aufgreifen und zur Rechtfertigung eigener Gewalt nutzen. Berichterstattungen über vorangegangene School-Shootings können zusätzlich handlungsanregend wirken, wird ihnen dadurch doch eine Möglichkeit aufgezeigt, aus ihrem Schattendasein herauszutreten und sich das zu besorgen, was ihnen fehlt: Sichtbarkeit. Die Motivation zur Handlungsumsetzung wird zusätzlich verstärkt durch die reale Möglichkeit, einen Amoklauf durchzuführen. Der Zugang zu Schusswaffen bildet damit einen wichtigen Bedingungsfaktor eines School-Shootings.

Ebenfalls verstärkend tritt die Tatsache hinzu, dass mittlerweile eine regelrechte Subkultur um das Phänomen School-Shooting entstanden zu sein scheint. So kursieren im Internet nicht nur die Selbstdarstellungsvideos der Täter selbst, die mit anerkennenden Kommentaren versehen werden. Auch Tribute-Videos, in denen die Täter zu Märtyrern erklärt werden, lassen sich diesbezüglich auffinden und erwecken bei Jugendlichen, die sich in einer ähnlichen Situation befinden wie die Täter mitunter den Eindruck, ein Amoklauf stelle eine Möglichkeit dar, berühmt zu werden. Wie aufgezeigt wissen School-Shooter, wie die Öffentlichkeit auf ihre Tat reagieren wird. Sie legen Wert darauf, dass man sie als »wahnsinnige Massenmörder« aus der »Normalität« ausschließt, erlaubt dies ihnen doch in Abgrenzung zu ihrer realen Situation eine Gegen-Identität zu konstruieren. Über die Inszenierung als revolutionäre Märtyrer können reale Anerkennungsdefizite ausgeglichen und kompensiert werden. Zugleich können die letzten inneren Kontrollinstanzen, die ihrer Tat noch im Wege stünden, so außer Kraft gesetzt und umgangen werden.

Schließlich bietet ihnen ihr Amoklauf darüber hinaus eine Gelegenheit, Männlichkeit zu bewerkstelligen. Zwar gilt gesellschaftlich und kulturell die Ausübung von Gewalt nicht direkt als explizit männliche Eigenschaft, allerdings stellt Gewalt eine Möglichkeit dar, Macht auszuüben und ist damit für »subordinated masculinities« ein Mittel, Männlichkeit darzustellen. Die Etikettierung als »abweichender Mann« setzt also einen Prozess in Gang, an dessen Endpunkt erst ihr Amoklauf steht. Aus etikettierungstheoretischer Perspektive kann somit ein Amoklauf als Sekundärabweichung interpretiert werden.

School-Shootings aus psychologischer Sicht
Ein grandioser Abgang

Die Frage nach der psychischen Verfassung eines Menschen ist niemals leicht zu beantworten. Das hängt allein schon damit zusammen, dass die Einschätzung, ob ein Mensch psychisch krank oder gesund, normal oder abnormal ist, abhängig ist von demjenigen, der diesen Menschen beobachtet, analysiert, kategorisiert. »Psychisch krank« bleibt, ganz gleich, wie offensichtlich dieses Urteil für den Betrachter auch zu sein scheint, ein gesellschaftlich vermitteltes Konstrukt. »Psychisch krank« kann gleichsam ein Stigma für denjenigen bedeuten, der mit diesem Attribut belegt wird. Umso behutsamer sollte man daher mit einer derartigen Diagnose umgehen, erst recht, wenn derjenige, über den die Diagnose zu stellen ist, aus welchen Gründen auch immer für ein psychologisches Gutachten nicht zur Verfügung steht.

Mit Vorsicht sind daher jene vorschnell gestellten Urteile zu behandeln, die in der psychischen Verfassung der Täter die Hauptursache eines School-Shootings zu sehen glauben. Zwar lassen sich einige Fälle auffinden, bei denen eine psychische Erkrankung bei den Tätern vorgelegen hat (vgl. Newman et al. 2004, S. 313f.) und es nicht abwegig erscheint, dass diese Erkrankung etwas mit ihrem Amoklauf zu tun gehabt haben könnte.[1]

---

1 Im Dokumentarfilm *Amok!* (2003) von Georg Stefan Troller sagt Wayne Lo (1992) etwa aus, er hätte kurz vor seinem Amoklauf Stimmen gehört, die ihm auftrugen, zur Tat zu schreiten. Selbiges lässt sich für Luke Woodham festhalten. Ihn hätten, wie er vor Gericht aussagte, Dämonen aufgefordert, seine Mitschüler zu töten. Beide allerdings bilden eher die Ausnahme, denn die Regel.

Die überwiegende Mehrzahl aller School-Shooter jedoch weist keinerlei Anzeichen einer Geisteskrankheit auf. Aber selbst wenn dies der Fall wäre, könnte nicht ohne weiteres angenommen werden, dass diese Krankheit die Hauptursache eines School-Shootings darstellt. Dies widerspräche der Tatsache, dass Millionen von Menschen sich in psychiatrischer oder psychologischer Behandlung befinden und nicht gewalttätig werden. Anzunehmen ist, dass es sich bei dem oftmals vorgebrachten Verweis auf den vermuteten Geisteszustand der Täter um eine Form der psychischen Entlastung der Öffentlichkeit selbst handelt: wenn der Täter nämlich »verrückt« gewesen ist, dann erübrigt sich die Frage nach den Gründen für seinen Amoklauf, dann haben »wir« uns nichts vorzuwerfen, dann ist auch die Gesellschaft, in der »wir« leben, gut und gerecht, und diese an sich gerechte und gute Verfassung der Gesellschaft wird nur durch das Handeln einiger weniger böser, verrückter oder psychisch kranker Menschen gestört.

Und dennoch kann die psychische Verfassung der Täter bei der Frage nach den Gründen eines Amoklaufs nicht außen vor bleiben, zumal sich diesbezüglich zumindest in einem Punkt ein einheitliches Bild zu ergeben scheint. Wie Newman et al. herausarbeiten konnten, lassen sich bei nahezu allen School-Shootern langwierige Phasen von Depression und Niedergeschlagenheit ausmachen. Viele School-Shooter versuchen, sich umzubringen oder haben sogar bereits vor ihrer Tat einen Suizidversuch begangen. Immerhin 20% aller Amokläufe an Schulen enden mit dem Suizid des Täters, eine Zahl, die den Kriminologe Götz Eisenberg (2002, S. 28) zu dem Schluss kommen lässt, ein School-Shooting stelle »als erweiterter Selbstmord die manisch-narzißtische Version des gewöhnlichen Suizids« dar. Zwar kann dieser Aussage in ihrer Allgemeinheit nicht zugestimmt werden – immerhin begehen 80% aller Täter keinen Selbstmord – allerdings deuten nicht wenige Hinweise darauf hin, dass viele School-Shooter an einem übersteigertem Narzissmus gelitten haben könnten.

In seiner 2004 veröffentlichten Studie untersucht Robertz, welche Bedeutung die Fantasie von Amokläufern bei Tatentschluss und Tatumsetzung gespielt haben könnte, und entwickelt ein Ablaufmodell für School-Shootings, das er am Beispiel des Erfurter Amoklaufs verdeutlicht. Robertz (2004, S. 219ff.) geht dabei davon aus, dass sich die späteren Täter aufgrund erlittener Niederlagen und eines fehlenden oder dysfunktionalen sozialen Bandes immer stärker von der Realität abwenden und in eine Fantasiewelt flüchten, um den erlittenen Kontrollverlust imaginär auszugleichen. Je traumatischer diese Erfahrungen von den Jugendlichen erlebt werden würden und je weniger sie auf ein stützendes soziales Netzwerk zurückgreifen könnten, desto größer sei die Bedeutung der Fantasie für die Jugendlichen, desto stärker auch ihre Abhängigkeit davon. Die negativen Erlebnisse würden in die Fantasiewelt eingebaut und bearbeitet, wobei letztere, auch angereichert durch äußere Einflüsse (Film, Musik, Spiele, reale Vorbilder etc.), zunehmend gewalttätigen Inhalt annähmen. Die Flucht in kompensatorische Allmachts- und Größenfantasien aber verstärkt, wie aufzuzeigen sein wird, die bereits bestehenden Isolations- und Deprivationstendenzen, da die für die Stabilisierung des Selbstwertgefühls unabdingbare Bestätigung durch die soziale Umwelt ausbleibt und ausbleiben muss aufgrund der narzisstisch bedingten Selbstüberschätzung. So wird aus dem, was als Abwehrmechanismus oder Schutz des Ichs gedacht war, eine Ursache für erneute Krisen und Kränkungen, was einen erneuten Rückzug in die kompensatorische Fantasiewelt bewirkt. Damit ist ein Prozess in Gang gesetzt, an dessen Endpunkt der Versuch steht, die Realität der Fantasie zu unterwerfen.

Dieses Verhaltensmuster weist grundlegende Überschneidungen zu verschiedenen Formen narzisstischer Persönlichkeitszüge auf, deren Ursachen und Erscheinungsformen im Folgenden vorgestellt werden sollen. Hierbei soll zunächst in Grundzügen die Psychogenese narzisstischen Verhaltens skizziert und seine verschiedenen Ausprägungen vorgestellt werden, um ausgehend davon die vorhandenen Selbstauskünfte und Tagebücher der Täter besser verstehen zu können. Zwar lässt sich auch anhand dieser die psychische Verfassung der Täter nicht vollends erschließen, als willentlicher Ausdruck ihrer selbst sind sie aber allemal ernst zu nehmende Dokumente, mithilfe derer man sich den Taten und schließlich auch den Tätern selbst annähern kann. Dies könnte schlussendlich mehr zum Verständnis von Amokläufen an Schulen beitragen, als jedes ferndiagnostisch geschlossene psychiatrische Gutachten es vermochte.

Zur Psychogenese narzisstischer Verhaltensweisen

Der Begriff Narzissmus ist abgeleitet vom griechischen Mythos über den schönen Narziss, dem Sohn des Flussgottes Kephisos und der Quellennymphe Leiriope. Nach Ovid soll Narziss ein wegen seiner Schönheit vielumworbener Knabe gewesen sein, der zur Bestrafung für die Zurückweisung eines Geliebten von den Göttern dazu verdammt wurde, sich in sein eigenes Spiegelbild zu verlieben. So setzte er sich der Sage nach eines Tages ermüdet und durstig von der Jagd an eine klare Quelle, beugte sich zum Trinken vornüber und erblickte im Wasser sein eigenes Spiegelbild, in das er sich unsterblich verliebte. Bei dem Versuch, sich mit seinem eigenen Spiegelbild zu vereinen, ertrank Narziss (vgl. Stimmer 1987, S. 22ff.).[2]

Betrachtet man den Mythos als Parabel auf menschliches Verhalten oder den Menschen schlechthin, so kann ein Narzisst als Mensch beschrieben werden, der sich durch ein besonderes Maß an Selbstliebe auszeichnet und an dieser Selbstliebe buchstäblich zu Grunde geht. Narziss' Unfähigkeit, sich von seiner Illusion zu lösen, verweist auf Realitätsverlust, sein Unwille, eine Beziehung zu realen Menschen einzugehen, auf ein erhöhtes Maß an Selbstbezogenheit und Egoismus. Der Mythos um den schönen Jüngling enthält damit wesentliche Charakterzüge einer narzisstischen Persönlichkeit, was kaum verwundern kann, bildet diese antike Figur doch die Grundlage des Freud'schen Narzissmusbegriffs. Nach Freud (vgl. Strzyz 1978, S. 19) zeichnet sich eine narzisstisch gestörte Persönlichkeit durch zwei wesentliche Merkmale aus: Erstens zieht sie Objektlibido von der Außenwelt ab und führt sie ihrem eigenen Ich zu. Dadurch wird das Ich aufgeblasen, sodass zweitens Größenwahn und Selbstüberschätzung die Folgen sind. Wodurch kommt nun aber diese Libidoverschiebung zu Stande?

Um diese Frage zu beantworten, muss man sich vergegenwärtigen, dass Freud zwischen einem primären und einem sekundären Narzissmus

---

[2] Nach einer anderen Version soll Narziss, unsterblich verliebt und unwillig, sich von seinem Geliebten – sich selbst – loszusagen, so lange an besagter Quelle ausgeharrt haben, bis er schließlich den Hungertod starb und von den Göttern in eine Blume, die Narzisse, verwandelt wurde.

unterscheidet. Der primäre Narzissmus kennzeichnet eine frühkindliche Phase, in der das Kind noch nicht zwischen sich und der Außenwelt unterscheiden kann. Folglich betrachtet es all jene Menschen, die seinen Bedürfnissen nach Nahrung, Wärme, Geborgenheit und Sicherheit nachkommen, als zu ihm selbst gehörende Teile, wodurch in ihm der Eindruck erwächst, es sei vollkommen und allmächtig (vgl. Stimmer 1987, S. 74). Mit zunehmender Wahrnehmungs- und Differenzierungsfähigkeit allerdings erkennt das Kind, dass es in seiner Bedürfnisbefriedigung von äußeren Objekten abhängig ist. Infolgedessen geht seine gesamte libidinöse Energie auf dieses Objekt über. So wie vorher das eigene Ich als vollkommen und allmächtig idealisiert wurde, wird nun die Mutter als Quelle der Lustbefriedigung zum Ideal des Kindes. Da aber die narzisstischen Wünsche damit nicht aufgehoben, sondern lediglich auf ein äußeres Objekt projiziert wurden, entsteht ein intensives Verlangen, mit diesem Objektideal zu verschmelzen, um damit den frühkindlichen Zustand der gedachten Omnipotenz wiederherzustellen. In Anlehnung an den antiken Mythos nennt Freud diesen Verschmelzungswunsch den Ödipuskomplex.

In der ödipalen Phase begehrt das Kind den andersgeschlechtlichen Elternteil und will den gleichgeschlechtlichen, in dem es bezüglich seiner Triebbefriedigung einen Rivalen sieht, unbewusst töten. Nun ist die Beseitigung des ungeliebten Rivalen freilich nicht zu realisieren. Infolgedessen entwickelt das Kind, sich der offenbaren Allmacht des Vaters[3] bewusst werdend, massive Vernichtungs- und Verlustängste, die es mithilfe des Mechanismus der Identifikation löst. Anstatt nun also den ungeliebten Vater aus der Welt zu schaffen, verdrängt es diesen Wunsch und tritt durch Identifizierung mit ihm an seine Stelle, hat damit an seiner Macht und Potenz teil. »Indem dergestalt die äußere Angst vor dem omnipotent erscheinenden Vater introjiziert und zur inneren Angst geworden ist, bildet sich die Moral- und Gewissensinstanz, das Über-Ich« (Strzyz 1978, S. 91). Die psychische Instanz des Über-Ichs ist somit Ergebnis der Überwindung des Ödipuskomplexes. Sie ist der

---

3 Es wurde hier die männliche Variante des Ödipuskomplexes gewählt, da School-Shooter ausschließlich männlich sind. Das weibliche Pendant zur ödipalen männlichen Kastrationsangst wäre – nach Freud – der ödipale weibliche Penisneid.

internalisierte Einspruch der Eltern, kontrolliert die Strebungen des Es und wacht darüber, dass die eigenen Handlungen mit den von den Eltern übernommenen Moral- und Wertvorstellungen übereinstimmen.[4] Erst über den Einspruch des Über-Ichs gelingt es, sich von seinen Größenvorstellungen zu lösen und die eigenen Ansprüche mit jenen der Realität in Einklang zu bringen.

Zugleich ist das Über-Ich »Träger des Ich-Ideals, an dem das Ich sich misst, dem es nachstrebt, dessen Anspruch auf immer weitergehende Vervollkommnung es zu erfüllen bemüht ist« (Frommknecht-Hitzler 1994, S. 41). Während dem Über-Ich innerhalb des psychischen Apparates also die Rolle der Kontrolle und Triebregulation zukommt, so ist die Funktion des Ich-Ideals als ein Streben zu beschreiben, dessen Kern der Wunsch bildet, die verlorene Vollkommenheit des primären Narzissmus wiederzuerlangen oder sich diesem Zustand doch wenigstens anzunähern.

Die verschiedenen Wege der Idealerfüllung

Zeit seines Lebens strebt der Mensch danach, sein Ideal zu erfüllen. Diese Idealerfüllung kann auf unterschiedliche Art und Weise geschehen. »Der progressive Weg der Idealerfüllung, der die Erfahrung des Könnens, der Kompetenz, eben der Macht statt der Allmacht vermittelt, hängt mit Arbeit, Anstrengung und Verzicht zusammen« (ebd., S. 65). Hierbei werden die Wünsche und Hoffnungen aus der frühen Kindheit nach absoluter Geborgenheit und Sicherheit, die Sehnsüchte nach Glück wie auch die kindlichen Allmachtsvorstellungen sublimiert und an die Realität angepasst. Anstatt also an seinen kindlichen Vorstellungen festzuhalten und weiterhin nach einer Absolutheit zu streben, die nicht realisiert werden kann, lernt der Mensch bei einer normalen und gesunden Entwicklung mit der eigenen Begrenztheit umzugehen. Einmal erlittene Niederlagen

---

[4] Zugleich spiegeln sich im Über-Ich geltende Normen und Werte der Gesellschaft wider, die über die Erziehung an die Kinder herangetragen werden. Sofern die internalisierten Werte mit jenen der Gesellschaft übereinstimmen, spielt das Über-Ich eine wichtige Rolle bei der Reproduktion gesellschaftlicher Verhältnisse.

und Enttäuschungen werden ihn nicht aus der Bahn werfen. Sein Selbstwertgefühl, das er aus einem realistischen Selbstbild zieht, ist konstant und stabil und kann durch persönliche Erfolgserlebnisse weiter ausgebaut werden.

Die Idealerfüllung über den Weg der Projektion hingegen wirkt sich weniger stark auf das Selbstwertgefühl eines Menschen aus. Hierbei werden die eigenen Idealvorstellungen nicht sublimiert, sondern auf eine äußere Person übertragen. Es wurde bereits aufgezeigt, dass die Idealisierung der ersten Bezugsperson beim Kind intensive Verschmelzungswünsche auslöst, die ihren Grund in dem narzisstischen Verlangen haben, den Zustand der Vollkommenheit wiederherzustellen. Gleiches lässt sich für jene Objektidealisierungen behaupten, die zu einem späteren Zeitpunkt im Leben eines Menschen auftreten. Was in der frühen Kindheit die Mutter gewesen ist, das ist im späteren Leben vielleicht der Lehrer oder ein Popstar, ganz gewiss aber die Geliebte, die in den Augen des Verliebten makellos und vollkommen erscheint. Nun begibt man sich im Falle der Objektidealisierung immer in ein Abhängigkeitsverhältnis von der Person, die man idealisiert. Man eifert ihr nach, möchte ihr gefallen, von ihr gelobt, anerkannt und geliebt werden. Der Wunsch, ihr zu entsprechen und schließlich mit ihr zu verschmelzen, kann dabei so stark werden, dass die eigenen Bedürfnisse vollends in den Hintergrund treten und man dazu bereit ist, das eigene Leben für sein Ideal zu opfern.

Eine dritte Möglichkeit der Idealerfüllung ergibt sich über den Mechanismus der Selbstidealisierung. Hierbei wird das eigene Ich zum Ideal genommen und dann so behandelt, als ob es tatsächlich vollkommen und allmächtig wäre. So kann man sich in der Fantasie in jenen vollkommenen Zustand denken, der real doch nicht zu erfüllen wäre, und dadurch seinem Ideal wenigstens gedanklich entsprechen. Freilich ist auch hierbei nur von einer kurzfristigen Steigerung des Selbstwertgefühls auszugehen, wird die äußere Welt doch niemals dem übersteigerten Selbstbild entsprechen.

Auch wenn es in den Fällen der Selbst- und Objektidealisierung jeweils zu einer übersteigerten Selbsteinschätzung und einer getrübten Realitätswahrnehmung kommen mag, müssen beide allerdings nicht unbedingt als krankhaft narzisstisches Verhalten gedeutet werden. Im Gegenteil kann der Mechanismus der Idealisierung als Grundvoraussetzung betrachtet werden, um sich auf andere Menschen in der Art einzulassen, dass daraus eine befriedigende Objektbeziehung entsteht. Der Verliebte, der im Zustand des Verliebtseins alle Mängel an seinem Liebesobjekt ausblendet, mag wohl die Bedürfnisse des eigenen Ichs für einen Moment verleugnen. Allerdings wird er durch die Liebe des anderen dafür zu Genüge entschädigt. Als krankhaft narzisstisch wäre die Objektidealisierung erst dann zu bezeichnen, wenn sie eine Kompensationsleistung auf vorangegangene Störungen im Selbstwertgefühl darstellen würde. Ein Mensch, der durch unterschiedliche Faktoren tief verunsichert wurde, könnte etwa durch die Unterwerfung unter ein idealisiertes, als allmächtig gedachtes Objekt jenes Gefühl von Sicherheit wieder zu erlangen suchen, welches ihm für sein eigenes Leben abhanden gekommen ist.

Gleiches lässt sich für den Fall der Selbstidealisierung behaupten. Nach Freud (vgl. Robertz 2004, S. 164ff.) sind Träume und Fantasie Mittel, real nicht zu erfüllende Wünsche gedanklich zu befriedigen. Insofern bieten sie dem Menschen eine Möglichkeit, auf äußere Mangelsituationen zu reagieren. Im Falle des pathologischen Narzissmus wird die Bedrohung des Selbstwertgefühls durch die äußere Welt als so stark empfunden, dass schließlich an den überzogenen Selbstbildern auch real festgehalten wird. Dies kann mitunter zum Auslöser erneuter Krisen werden, da die Welt doch niemals den eigenen Wunschvorstellungen in der Art entsprechen wird, wie es das überhöhte Ich-Ideal von ihr verlangt. Es kommt also zu einer »Diskrepanz zwischen Ideal-Selbst und Real-Selbst«, die »einer der *subjektiven* Hauptfaktoren für mögliche narzisstische Verhaltensweisen« (Stimmer 1987, S. 49) bildet.[5] Die eigenen Größenwünsche werden nicht sublimiert und der Realität angepasst; es wird auch weiterhin an diesen nicht zu realisierenden Wünschen festgehalten.

Immer dann also, wenn Selbst- und Objektidealisierungen aus einem starken Gefühl der Verunsicherung heraus stattfinden, kann von krankhaft narzisstischem Verhalten gesprochen werden. In diesem Sinne lassen sich narzisstische Verhaltensweisen als Abwehrmaßnahmen interpretie-

---

5 In Abgrenzung zu Freuds psychischer Instanz des Ichs führt Hartmann 1950 das »Selbst« ein. Nach Frommknecht-Hitzler (1994, S. 95) bezeichnet Hartmann damit die »Gesamtheit der physischen und psychischen Person.«

ren, die »der Kompensation von sporadischen oder chronisch auftretenden, manifesten oder latenten Selbstwertstörungen« (Stimmer 1987, S. 16) dienen. Wodurch nun aber werden diese Störungen verursacht?

Störungen im Selbstwertregulationssystem

Die wohl bedeutendste Voraussetzung zur Entwicklung eines positiven Selbstwertgefühls bildet die liebevolle und zärtliche Fürsorge durch die Eltern. Allein das Getragen- und Gehalten-Werden vermittelt dem Kind ein Gefühl von Sicherheit und Geborgenheit. Über die uneingeschränkte Zuneigung der Eltern, ihre liebenden Blicke, erfährt es sich als liebenswertes Objekt anderer und lernt, dass Beziehungen zu anderen Menschen lustvoll und befriedigend sein können. Darüber wird es ein gesundes Vertrauen zu sich und zu anderen entwickeln und ohne Angst vor Zurückweisung und Kränkungen langfristige Bindungen zu anderen Menschen eingehen und aufrechterhalten können. Zugleich ist es Aufgabe der Eltern, die kindlichen Wünsche nach Allmacht und Vollkommenheit auf ein realistisches Maß zu beschränken. Nur dann nämlich kann das Kind ein realistisches Selbstbild entwickeln, nur dann auch lernt es, seine inneren Triebe und Strebungen im Zaum zu halten. Idealerweise sollte die Erziehung also mit einem Belohnungs- und Bestrafungssystem arbeiten, das durch ein hohes Maß an Zuneigung und emotionaler Wärme gekennzeichnet ist.

Das Misslingen einer liebvollen, doch zugleich auch einschränkenden Erziehung, kann hingegen zu schweren Störungen im Selbstwertgefühl und damit einhergehend zur Herausbildung narzisstischer Abwehrmaßnahmen führen. »Das Misslingen einer emphatischen Spiegelung durch die Mutter ist eine der Hauptursachen von Selbstwertstörungen und den entsprechenden narzisstischen Kompensationsversuchen beim Kind« (Stimmer 1987, S. 145). Gelingt es den Eltern nicht, dem Kind das Gefühl zu vermitteln, es werde geliebt und gebraucht, können massive Minderwertigkeitskomplexe und Angstgefühle entstehen, die auch das weitere Leben stark beeinträchtigen können. Da die erste Beziehung sich für das Kind als kränkend erwiesen hat, erwächst in ihm mitunter der Eindruck, jedwede Beziehung zu anderen Menschen könnte diese

Kränkung enthalten. Infolgedessen wird es fortan den Kontakt zu anderen Menschen meiden, sich von der Welt zurückziehen und Zuflucht suchen in selbstwertstabilisierenden Fantasien.

Eine weitere Problematik bezüglich der Entwicklung eines stabilen und gesunden Selbstbildes ergibt sich aus der Unfähigkeit oder dem Unwillen der Eltern, die Identifizierung des Kindes zuzulassen. Insbesondere auf die Entwicklung des Über-Ichs wirkt dies negativ, kann doch der Ödipuskomplex, dessen, wie Freud sagt, Erbe das Über-Ich ist (vgl. Strzyz 1978, S. 91), ohne den Mechanismus der Identifizierung nicht zufriedenstellend gelöst werden. Die ödipalen Vernichtungsängste gegenüber dem Vater werden nicht aufgelöst, die Internalisierung von Wert- und Moralvorstellungen misslingt, sodass diese Menschen Zeit ihres Lebens auf äußere Autoritäten zur Stabilisierung ihres Selbstbildes angewiesen bleiben.

Auch ein zu starkes Umsorgen kann sich negativ auf das Selbstwertgefühl des Kindes auswirken. Ohne den mahnenden Einspruch der Eltern wird das Kind sich nur schwer von seinem »Größenselbst«[6] (Kohut) lösen und ein realistisches Selbstbild entwickeln können. Es wird auch weiterhin davon ausgehen, dass ihm jeder Wunsch von den Augen abgelesen und erfüllt wird. Solange sich das Kind nur innerhalb der Familie bewegt, wo diese überzogene Selbsteinschätzung durch das Handeln der Eltern weithin gestützt wird, gehen von einem derartigen Erziehungsstil keinerlei Gefahren aus. Spätestens aber mit Beginn der Schulzeit wird das Kind mit Situationen der Entbehrungen konfrontiert werden, mit denen es niemals umzugehen gelernt hat. Unfähig, die Anforderungen der äußeren Welt mit den eigenen Ansprüchen in Einklang zu bringen, kommt es auch hier zur Herausbildung starker Minderwertigkeitskomplexe und Depressionen. Die Erfahrung, dass man ganz und gar nicht der ist, für den man sich gehalten hat, wirkt destabilisierend und führt mitunter dazu, dass man sich von der als kränkend empfunden Realität zurückzieht. Anstatt sich weiterhin mit der Realität auseinanderzusetzen

---

6 Mit dem Begriff des »Größenselbst« (auch narzisstisches Selbst) bezeichnet Kohut eine psychische Instanz, in der sich die frühkindlichen Wünsche nach Omnipotenz und Größe manifestieren. Dazu ergänzend führt er den Begriff der »idealisierten Elternimago« (das narzisstische Objekt) ein (vgl. Frommknecht-Hitzler 1994, S. 98ff.).

und an Konflikten zu wachsen, flüchten sich diese Menschen in eine Fantasiewelt, in der sie ihre Allmachtsvorstellungen ausleben können. Die Umsetzung dieser Fantasien in die Realität ist letztlich als Versuch zu werten, »die Gefahr der narzisstischen Katastrophe, des toten Verlassen- und Ausgeliefertseins zu bannen und Sieger zu bleiben« (Frommknecht-Hitzler 1994, S. 115).

Allerdings ist das Selbstwertgefühl eines Menschen nichts, was sich abschließend konstituieren lassen würde. Eine positive Spiegelung durch die Eltern und eine liebevolle Beschränkung der kindlichen Bedürfnisse bilden zwar die Grundvoraussetzungen für die Entwicklung eines stabilen Selbstwertgefühls und einer realistischen Selbsteinschätzung, zur Aufrechterhaltung eines positiven Selbstwertgefühls bleibt der Mensch jedoch Zeit seines Lebens auf eine positive Bestätigung durch andere angewiesen. Nur wenn er den Eindruck gewinnt, dass das, was er tut, einen Sinn hat, dass er als Mensch gebraucht und anerkannt wird, dass er auch ohne Gegenleistung von anderen geliebt und geachtet wird, nur dann kann sich in ihm ein Gefühl innerer Zufriedenheit und tiefen Vertrauens in sich und zur Welt einstellen. Dieses Gefühl versetzt ihn in die Lage, selbst größere Niederlagen und Erfahrungen des Verlustes auszuhalten.

Und doch hält das Leben Situationen bereit, die selbst für den Stärksten schwer zu ertragen sind – narzisstische Kränkungen wie der Verlust des Arbeitsplatzes, das Altern, das Wissen um den eigenen Tod oder den eines nahen Angehörigen. Stützende soziale Beziehungen sind in solchen Situationen wichtiger denn je. Sie können dem Leben wieder einen Sinn verleihen und über den Verlust hinweghelfen, können Hoffnungen machen, die Angst rauben und so zu neuem Lebensmut verhelfen. Umso schwerer wiegt, wenn diese sozialen Beziehungen fehlen oder sie gar zusätzlich verunsichern. Was bleibt, wenn alle Erfahrungen, die man mit anderen macht, nur kränkend und verunsichernd wirken? Welches Selbstbild entsteht, wenn man permanent erniedrigt und gedemütigt wird? Der eine wird sich als Reaktion darauf zurückziehen und sich von der Welt isolieren; der andere mag brennende Neid- und Hassgefühle entwickeln gegen jene, die ihn missachtet und verhöhnt haben und schließlich seine Rachegelüste gegen die ganze Welt richten und diese zum Einsturz bringen wollen.

Es bleibt also festzuhalten, dass die Qualität der Eltern-Kind-Beziehung wohl den stärksten Einfluss auf das Selbstwertregulationssystem ausübt, dass aber auch Einflüsse der sozialen Umwelt sich positiv wie negativ auf das Selbstwertgefühl eines Menschen auswirken können und damit als mögliche Ursache narzisstischen Verhaltens herangezogen werden müssen.

Stimmers Idealtypen narzisstischer Verhaltensweisen

Ausgangspunkt narzisstischer Verhaltensweisen ist, wie gesehen, jeweils eine Krise im Selbstwertgefühl. Ihre Symptome können Minderwertigkeitsgefühle, Verzweiflung, innere Leere, Misstrauen und tiefe Verunsicherung gegenüber sich und der äußeren Welt sein (vgl. Frommknecht-Hitzler 1994, S. 119). Auf diese Krise kann unterschiedlich reagiert werden. So können Freunde und Familie die betroffenen Menschen in einer solchen Situation auffangen und ihnen Halt und Sicherheit geben. Aus vergangenen Erfolgserlebnissen können Menschen neuen Mut schöpfen und die Bewältigung vergangener Krisen lässt hoffen, dass auch diese Krise irgendwann einmal ausgestanden ist. Zur narzisstischen Selbstwertregulierung kommt es hingegen nur dann, wenn andere Möglichkeiten, das verunsicherte Selbstwertgefühl wieder zu stabilisieren, nicht vorhanden sind oder diese Bewältigungsstrategien in der Sozialisation nicht erlernt wurden (vgl. Stimmer 1987, S. 16).

Dabei kann narzisstisches Verhalten – je nach lebensgeschichtlicher Erfahrung und Situation – unterschiedliche Ausprägungen annehmen. Stimmer (vgl. ebd., S. 16f.) hat diesbezüglich vier verschiedene Idealtypen narzisstischen Verhaltens herausgearbeitet. Er unterscheidet zwischen dem Typ
a)   des Isolierten,
b)   des Stars
c)   des Fans und
d)   des Konsumenten.

Kennzeichnend für den Typ *Isolierter* ist eine Abwendung von der Realität und eine Hinwendung zu Größen- und Allmachtsfantasien, wie weiter oben am Beispiel der Selbstidealisierung ausgeführt worden ist. Im Kern beinhalten diese Fantasien den Wunsch, den paradiesischen Zustand der frühen Kindheit (etwa durch Selbsttötung) wieder herbeizuführen. Auch der *Star* sucht durch Selbstidealisierung sein bedrohtes Selbst wieder zu stabilisieren. Im Gegensatz zum *Isolierten* tritt dieser Typ aber offensiv auf. Anstatt sich von der Welt zurückzuziehen, sucht er die Nähe zu Menschen, die die Bereitschaft aufweisen, sein überhöhtes Selbstbild durch uneingeschränkte Bewunderung zu stützen. Zumeist kennzeichnet diesen Typus ein überzogen theatralisches Verhalten, gepaart mit dem Drang, im Mittelpunkt stehen zu wollen.

Will der *Star* bewundert werden, so will der *Fan* bewundern. Seine eigene Verunsicherung sucht er auszugleichen, indem er sich Menschen unterwirft, die er wegen ihrer Größe, Schönheit, Intelligenz, Macht etc. verehrt. Der *Fan* zeichnet sich durch eine autoritätshörige und devote Haltung aus. Die Unterwerfung unter eine idealisierte Autorität geschieht dabei in der Hoffnung, dadurch an der gedachten Allmacht dieser Autorität teilzuhaben. Als vierten Typus narzisstischen Verhaltens führt Stimmer den *Konsumenten* ein. Ähnlich wie der Typ *Isolierter* wendet auch er sich von den Menschen in seiner Umgebung ab. Anstatt sein eigenes Ich libidinös zu besetzen, wendet er allerdings alle libidinöse Energie Dingen zu, und versucht in der Beziehung zu diesen sein destabilisiertes Selbstwertgefühl wieder zu stabilisieren. Freilich bleibt eine derartige Beziehung im Innern so leblos wie der Gegenstand, der libidinös besetzt wurde, sodass für diesen Typ von einer verdinglichten Haltung zu seinen Mitmenschen und zu sich selbst auszugehen ist.

Bei allen vier Typen ist das narzisstische Wahrnehmen geprägt durch ein erhebliches Maß an Realitätsverleugnung und Selbstüberschätzung.

»Dieses Erleben kann entweder – wie beim ›Konsumenten‹, ›Star‹ und ›Isolierten‹ – direkt auf das eigene Selbst bezogen sein (›Ich bin vollkommen!‹) oder über Umwege wieder auf das eigene Selbst zurückfließen, wie beim ›Fan‹ (›Du bist vollkommen, aber ich bin ein Teil von dir!‹)« (ebd., S. 17).

Unfähig, sich von ihrem überhöhten Ideal zu lösen, die eigenen überzogenen Ansprüche mit denen der Welt in Einklang zu bringen, erweisen sich narzisstisch gestörte Menschen als extrem leicht kränkbar. Die Angst vor Zurückweisung erschwert es, längerfristige Beziehungen einzugehen, die auf Gleichheit und gegenseitiger Anerkennung beruhen. So arbeitet das Beziehungsmuster von Narzissten vornehmlich mit den Kategorien *beherrschen/unterwerfen*, was in der Angst begründet sein mag, man könnte ihnen jene Gratifikationen vorenthalten, auf die sie zur Stabilisierung ihres bedrohten Selbst angewiesen sind. Nichts ist so schlimm für einen Narzissten wie das Gefühl, ignoriert zu werden, was auf ein spezifisch narzisstisches Dilemma verweist: Gleichwohl sich Narzissten mitunter von der Welt gänzlich zurückziehen, gleichwohl die Beziehungen zu anderen parasitär sein mögen oder sich durch eine besondere Gefühlskälte auszeichnen, bleiben sie dennoch zur Bestätigung ihres überhöhten Selbstbildes auf diese anderen angewiesen (vgl. ebd., S. 124). Wird ihnen diese Bestätigung verwehrt, so kann die Angst davor, in Bedeutungslosigkeit zu versinken, in Wut umschlagen, die sowohl destruktive als auch autodestruktive Züge annehmen kann. In diesem Fall spricht man von einer narzisstischen Wut.

Zu betonen ist jedoch, dass nicht jede narzisstische Störung notwendig in einer Katastrophe enden muss. Narzisstische Verhaltensweisen treten sicherlich bei jedem mehr oder minder stark ausgeprägt auf und gehören vor allem während der Jugendzeit zu einem entwicklungsbedingt normalen Phänomen: Dass Jugendliche ein erhöhtes Geltungsbedürfnis besitzen, dass sie eher zu Schwärmerei und Selbstüberschätzung neigen als Erwachsene, gehört zum ganz normalen Reifungsprozess dazu und deutet nicht unbedingt auf eine narzisstische Persönlichkeitsstörung hin. Vielmehr verläuft, wie Robertz/Wickenhäuser (2007, S. 105) betonen, »der Unterschied von einem normalen Persönlichkeitszug zu einer [...] extremen Ausprägung [...] graduell«. Darüber hinaus verweist die Bewertung einer Verhaltensweise als »störend« auf einen angenommenen Normalzustand. Die Einschätzung, was »normal« und was »gestört« ist, ist jedoch immer zeit- und kontextabhängig.

So erscheint es bisweilen fast so, als ob narzisstische Verhaltensweisen bis zu einem gewissen Grad den Status einer sozialen Norm eingenommen hätten. Wer wollte noch ernsthaft bezweifeln, dass die Inszenierung und Überhöhung des eigenen Selbst nicht zu einer gewünschten Haltung geworden ist, angesichts der unzähligen Castingshows im Fernsehen, die ihren Kandidaten Glanz und Gloria versprechen? Das in Musikvideos und Fernsehshows zelebrierte Leben eines Stars scheint nunmehr auch für den Einzelnen möglich, solange er nur in das richtige Outfit schlüpft, das richtige Deodorant aufträgt und sich die jeweils passende Attitüde dazu aneignet. Anders als es Fernsehfomate wie *Big Brother* oder *DSDS* suggerieren, mag zwar nicht jeder seinem Wunsch nach Bedeutung nachkommen können und zumindest für wenige Minuten im Rampenlicht stehen,[7] doch ist die symbolische Teilhabe an der inszenierten Größe über den Konsum eines mit einem bestimmten Image aufgeladenen Statussymbols für jedermann möglich. Die Angst, gegenüber der allgegenwärtigen Konkurrenz ins Hintertreffen zu geraten und fortan zu jenen gerechnet zu werden, die in postmodernen Freakshows dem Publikum als »Verlierer« vorgeführt werden – oder, schlimmer noch, über die niemand mehr spricht – kann darüber ausgeglichen oder doch zumindest abgeschwächt werden. Dass die derart über die Kulturindustrie geweckten Erwartungen und Wünsche freilich niemals ganz erfüllt werden, ist innerhalb der kapitalistischen Verwertungslogik angelegt. Denn wichtiger noch als die Zufriedenheit der Kunden ist es, bei selbigen ein Gefühl des Mangels zu erzeugen, der Eindruck, dass ein jeweils vorherrschender Zustand fehlerhaft ist oder doch immerhin verbesserungswürdig und diese Verbesserung sich über den Konsum des jeweils angepriesenen Gutes erreichen ließe. Für den Kapitalismus ist keine Hoffnung vergebens, keine Angst, kein Wunsch irrational genug, als dass er nicht erst produziert, verkauft, ausgeschlachtet und enttäuscht werden könnte. Immer größer und abstrakter scheint dabei die Gefahr durch innere wie äußere Feinde zu werden, immer gewaltiger die Hoffnung auf fortwährendes Glück, immer mächtiger auch in den Menschen der Wunsch zu wachsen, einzigartig, etwas Besonderes zu sein und im Rampenlicht stehend die Pfründe des Siegers zu ernten.

Umso ernüchternder muss die Banalität des Alltags dem erscheinen, der es nicht wagt, sich von diesen überzogenen Vorstellungen zu lösen. Aufgewachsen mit unzähligen Bildern über das aufregende und inter-

---

[7] Gleichwohl haben Video- und Netzwerkportale wie YouTube und Facebook die Möglichkeit, von einer anonymen Öffentlichkeit wahrgenommen zu werden, unverhältnismäßig stark vergrößert.

essante Leben der Stars, fürchtet er nichts so sehr wie das Gewöhnliche, das belanglose Mittelmaß. Ihn kränkt die alltäglich vor Augen geführte Diskrepanz zwischen dem Leben, wie es ihm als erstrebenswert vorgelebt wird, und dem eigenen. Nichts scheint ihm von Wert, was nicht bewundernswert, einmalig, einzigartig ist und so kann kaum etwas in ihm das Gefühl der Leere, der Minderwertigkeit, der tiefen Unzufriedenheit über das nichtige Dasein beseitigen. Schließlich hat das Leben ob der überzogenen Erwartungen nur noch Enttäuschungen zu bieten und er versinkt in tiefe Depressionen. Anstatt sich weiterhin einer kränkenden Umwelt auszusetzen, flüchtet er sich in eine Fantasiewelt, in der er sein Größenselbst auszuleben sucht. Schließlich versinkt er in dieser Welt, die ihm einzig noch Lust zu verschaffen vermag, und sucht die kränkende Realität seiner Fantasie anzugleichen. »Es wird nicht mehr die Phantasie für die Verbesserung der Realität benutzt, sondern die Realität zur Verbesserung der Phantasie«, wie Robertz (2004, S. 188) es so treffend für Amokläufer formuliert hat. Um das Ich vor seiner Vernichtung zu retten, werden die gedachten Allmachts- und Größenvorstellungen in die Realität umgesetzt. Der imaginierten Omnipotenz wird sich durch die Vernichtung anderer Menschen vergewissert, der erneute Einbruch der Realität durch Selbsttötung abgewendet.

Die vorhandenen Texte der Täter, die Videos, die sie gedreht, die Tagebücher, die sie geschrieben, und die Testamente, die sie verfasst und veröffentlicht haben, sprechen, wie im Folgenden aufzuzeigen sein wird, eine eindeutige Sprache: So verstörend die dort auftauchenden Bilder der Größe und Omnipotenz auch sein mögen, so furchteinflößend die Gewaltexzesse darin – als Kompensationsleistung auf ein Leben, dass von Demütigung und Erniedrigung gezeichnet gewesen ist, künden sie von der tief sitzenden Traurigkeit und den existenziellen Ängsten ihrer Verfasser. Sie bilden gleichsam einen letzten ungehörten Hilfeschrei all derer, die lieber töten und sterben, als einzugestehen, dass sie schwach und verletzlich sind und Hilfe benötigen. Dass sie nicht gelernt haben, über ihre Gefühle und Ängsten zu sprechen, mag auf eine fehlgeleitete Erziehung zurückzuführen sein. Zugleich gründet diese Unfähigkeit aber in der berechtigten Angst, das Eingeständnis von Schwäche könnte ihre Situation noch verschlimmern. Schlussendlich drückt sich in ihrem Handeln die radikalste Zuspitzung der kapitalistischen Verwertungslogik aus: die physische Beseitigung der unliebsamen Konkurrenz, aber auch all derjenigen, die schwach und damit überflüssig sind. Die häufige Selbsttötung der Täter im Anschluss der Tat ist Ausdruck der Akzeptanz eines Prinzips, dass die Menschen in Verlierer und Gewinner unterteilt und nur dem Gewinner ein Anrecht auf ein glückliches Leben gewährt, wohingegen der Verlierer, zugespitzt formuliert, kein Anrecht auf Leben, zumindest aber kein Anrecht auf ein glückliches Leben besitzt, da er lediglich dem Sozialstaat und damit der übrigen Gesellschaft zur Last falle.

Der Isolierte

Wie weiter oben deutlich gemacht wurde, kennzeichnet den Typ *Isolierter* eine Abwendung von der als kränkend wahrgenommenen Außenwelt und eine Hinwendung zu selbstwertstabilisierenden Fantasien, die im Kern den Wunsch beinhalten, den frühkindlichen Zustand der absoluten Sicherheit und Omnipotenz wieder herzustellen. Hierbei wird das eigene Ich über den Mechanismus der Libidoverschiebung derart aufgeblasen, dass Selbstüberschätzung und -idealisierung die Folge sind. Schließlich kann das Selbstwertgefühl eines Menschen durch fortwährende Kränkungen in dem Maße verunsichert werden, dass auch real an den idealisierten Selbstbildern der Größe und Allmacht festgehalten wird. Die Auseinandersetzung mit der realen Welt wird dadurch als umso kränkender empfunden, zumal selbst Erfolgserlebnisse das überhöhte Selbstbild nicht in dem Maße bestätigen werden können, wie es dieses verlangt. Ein weiterer Rückzug, der bis hin zur totalen Isolation führen kann, wird dann sehr wahrscheinlich.

Wie gesehen versuchen auch School-Shooter erneuten Kränkungen und Misserfolgen durch Rückzug und Selbstisolation aus dem Weg zu gehen. Cho Seung-Hui, Bastian Bosse, Robert Steinhäuser und Kimveer Gill, sie alle werden als schweigsame Zeitgenossen beschrieben, die zwar nicht gänzlich isoliert gewesen sein mögen, aber sich dennoch selbst innerhalb ihres Freundeskreises in einer sozialen Randposition befanden. Über die Flucht in eine Fantasiewelt nun versuchen viele School-Shooter reale Erfahrungen der Niederlage auszugleichen. Dabei vermischen sich suizidale mit gewalttätigen Gedanken, wie Robertz (2004, S. 180) anhand des folgenden Gedichtes verdeutlicht:

> »Suicide and homicide
> Homicide and Suicide
> Into sleep I'm sinking
> Why me I'm thinking
> Homicide and suicide thoughts, intermixing
> My life's not worth fixing.«

Die durch fortwährende Kränkungen hervorgerufenen Depressionen und Gefühle der Minderwertigkeit wandeln sich in der Fantasie der School-Shooter in wilde Gewalt- und Rachegelüste, die im Kern den narzisstischen Wunsch nach Größe und Omnipotenz beinhalten. So fantasieren sich viele School-Shooter in die allmächtige Figur eines schwarzen Rächers, der Gewalt – und damit auch Kontrolle und Macht – ausübt und ihnen jenes Gefühl von Sicherheit verleiht, dass ihnen für ihr reales Leben abhanden gekommen ist. In einem im Internet veröffentlichten Video tritt Bastian Bosse etwa zusammen mit einer weiteren Person als fast schon übernatürlicher Held auf, der von einem Ort des Lichtes (Waldlichtung) aus kommend mutig und entschlossen in eine dunkle und bedrohlich wirkende Welt (Wald) schreitet, um dort zu kämpfen. Im Forum von Vampirefreaks lässt sich folgende Geschichte Kimveer Gills lesen:

> »A deep cut slowly makes it's way through the palid clouds, and a figure emerges.
> Drapped in black cloth. Head to toe, all black
> Boots as black as tar
> Cloak lashing to and fro with the wind
> The hood covers his face entirely
> The skeletal horse he rides neighs with ferosity as the reigns are pulled to the side to steer the mighty beast to the left.
> His two-handed sword on his back, axe on his left side, sword on the right. A modified shotgun on a leather sling hangs downwards.
> The mysterious figure rides down to the earth on what would appear to be an invisible mountain. As his steads hoofs touch the wet grass, it lets out an angry growl, almost as though it yearns to be elsewhere. The disgusting

human creatures scream in panic and run in all directons, taking with them their lies and deceptions. The Death Knight gazes at the humans with an empty stare, as they knock each other down in a mad dash to safety. He wishes to slaughter them as they flee, but sensing that his war horse is hungry and quite weary of the long journey, he decides to rest.

It starts to rain slightly, as he heads into the nearby forest for sanctuary. The human noise dimming in his ears as they move deeper into wilderness.«

Dylan Klebold, Cho Seung-Hui und Michael Carneal schrieben vor ihrer Tat fiktive Geschichten über Amokläufer, Jeffrey Weise fertigte einen Animationsfilm an, in dem der Protagonist scheinbar wahllos Menschen erschießt, um sich anschließend das Leben zu nehmen. Eric Harris zeichnete in seinem Tagebuch das Bild eines bewaffneten Mannes, der auf einem Berg von Leichen steht (vgl. http://denver.rockymountainnews.com/pdf/900columbinedocs.pdf, S. 108, Stand: 4. Juni 2008). Ein anderes zeigt eine apokalyptische Schlachtszene, in der Gliedmaßen und Köpfe abgetrennt werden von einem übermächtigen Wesen in futuristischem Kampfanzug (ebd., S. 110). Es sind solche Bilder der Allmacht und Größe, die immer wieder in den Dokumenten von School-Shootern auftauchen. Auch hierbei handelt es sich um Teilrealisierungen. School-Shooter planen nicht nur ihre Tat im Voraus, wie Vossekuil et al. (2002, S. 25) schreiben. Sie antizipieren auch die Folgen ihres Amoklaufs und erhalten so bereits vor Begehung ihrer Tat narzisstische Befriedigung, wie aus folgenden Zeilen aus Eric Harris Tagebuch hervorgeht:

»Sometimes in April me an V [Abkürzung für Vodka, dem Pseudonym von Dylan Klebold. Anm. BF] will get revenge and kick natural selection up a few notches ... We will be all in black. Dusters, black Army pants, and we will get custom shirts that say R [Abkürzung für Rebel, dem Pseudonym von Eric Harris. Anm. BF] or V in the background in one big letter and NBK [...] in the front in a smaller font ...

First we will go to the house of ... Brooks in the morning [...]. We go in, we silently kill each inhabitant [...]. Then get totally prepared and during A lunch we go and park in our spots. With sunglasses on we start carrying in all our bags of terrorism and anarchism shit into our table. Being very casual and silent about it, it's all for a science/band/English project or something ...

> Once the first wave starts to go off and the chaos begins, V opens fire and I start lobbin' the firebombs. Then I open fire, V starts lobbin' more crickets. Then if we can go upstairs and go to each classroom we can pick off fuckers at our will« (z. n. Brown/Merritt 2002, S. 95).

Ein School-Shooting ist auch der Versuch, die verloren gegangene Kontrolle über das eigene Leben zurückzugewinnen und Sieger zu bleiben über diejenigen, die einen immer wieder die eigene Überflüssigkeit kränkend haben erfahren lassen. Es ist der endgültige Beweis eigener Überlegenheit, den die Täter mit ihrem Amoklauf erbringen, ein Zeichen ihrer Macht, der sich auch an ihrem Tatverhalten selbst ablesen lässt. Willkürlich töten sie jene und schenken anderen das Leben. Während des Amoklaufs Scott Penningtons etwa trägt sich folgende Szene zu:

> »When Scott Pennington held his class hostage, he taunted students, threatening that ›there's one [a bullet] for each of you.‹ He then ask the terrified students, ›Does anyone want to leave?‹ When none responded, he chose two students that he would release. ›I love you, Scott,‹ said one. ›Thank you, Scott,‹ said the other« (Newman et al. 2004, S. 249).

Auch Dylan Klebold und Eric Harris verspotteten ihre Opfer. Eric Harris beugte sich in der Bücherei unter einen Tisch und sagte zu den darunter kauernden Mädchen, sie sollten nicht so pathetisch sein. Vor den Augen des verängstigten Evan Todd diskutierten die beiden Täter, ob sie ihn laufen lassen oder doch umbringen sollten. Schließlich entschieden sie sich für letzteres. Als die verletzte Val Schnurr schluchzt: »Oh god, help me«, verspotteten die beiden Täter sie für ihre Anrufung Gottes. Denn nicht Gott ist es, der ihr Leben in der Hand hat, sondern sie. Sie sind es, die über Leben und Tod entscheiden, sind gottähnliche Wesen mit absoluter Macht und absoluter Kontrolle. »I wasn't a human anymore«, sagt Bastian Bosse in seinem Abschiedsvideo, »I was godlike« und Kimveer Gill (Vampirefreaks) zum selben Thema: »Stop praying to your imaginary gods little monkeys. Because I'm the only god you need to pray. I AM GOD ... Heil Heil Heil.« Schließlich Pekka Eric Auvinen auf seiner MySpace-Seite: »I am the law, judge and executioner. There is no higher authority than me.«

Es sind derartige Idealisierungen des eigenen Selbst, an dem sich der narzisstische Charakter von School-Shootern offenbart. Was anfänglich nur eine fantasierte Figur ihrer selbst gewesen sein mag, ein Versuch, real erlittene Niederlagen zu bewältigen, wird schließlich zu ihrer eigenen und einzigen Identität, die exakt das Gegenbild zu jenem verängstigten Jungen bildet, der hilflos dem Spott seiner Mitschüler ausgeliefert ist. Deswegen hat niemand das Recht, in ihr Leben einzugreifen, wie Bastian Bosse in seinem Abschiedsvideo sagt: »Nobody has the right to tell me, what to do or not to do. It's my life! Not the fucking life of my parents, or fucking fat Angela Merkel or any fucking teacher in this fucking hole world! It's my damn life!« Deswegen auch reagieren School-Shooter auf die geringste Niederlage extrem gekränkt. Ihr überhöhtes Selbstbild erlaubt keinen Widerspruch, keine Kritik, sondern verlangt nach Unterwerfung und Unterordnung. Und mag es auch das eigene Leben kosten, unter allen Umständen muss dieser letzte Identitätsentwurf gerettet werden, geschützt vor weiteren Attacken, auf das wenigstens im Tod jenes Maß an Sicherheit und Omnipotenz herrsche, dass ihnen im Leben verwehrt geblieben ist.

Der Fan

Wie oben deutlich gemacht zeichnet sich der Typ *Fan* dadurch aus, dass er äußere Objekte idealisiert und sich diesen dann in der Hoffnung unterwirft, an ihrer gedachten Allmacht teilzuhaben. Auch dieser Typus narzisstischen Verhaltens lässt sich bei School-Shootern beobachten. So zeichnen sich, wie aufgezeigt, viele School-Shooter durch eine Vorliebe für nationalsozialistisches Gedankengut aus. Jeffrey Weise etwa postete mehrfach im Forum einer faschistischen Partei und outete sich darin als Bewunderer Adolf Hitlers. Eric Harris zeichnete Hakenkreuze in sein Tagebuch und sprach sich vehement für eine natürliche Selektion aus. Pekka-Eric Auvinen nennt sich im Internet »Sturmgeist89« oder »NaturalSelector«. Sein »Manifest« liest sich wie ein Auszug aus Hitlers *Mein Kampf*. Sein Utopia beschreibt er auf seiner MySpace-Seite wie folgt:

»My utopia: Weak-minded people as slaves, intelligent people as free. What I mean is that they who [...] are capable of intelligent existential thinking, should be free and rulers ... and the weak-minded masses/robots, they can be slaves [...].«

Kimveer Gill (Vampirefreaks) schreibt passend dazu:

»The people of Germany and Austria.
  Their men have an iron will. They are brave, courageous, fearless, and determined. This makes the Aryan men the greatest warriors of all time.
  Their women are godesses. They are beautiful, intelligent, kind, caring, and elegant. This makes the Aryan women godesses on this earth.
  Show respect when in their presence.
  Ich Bin Gott!«

Allein durch Verwendung des Deutschen am Ende dieses Abschnittes drückt Gill aus, dass er selbst Teil jener überlegenen »arischen Rasse« ist, die er so sehr bewundert. Es deutet sich hier der Wunsch an, mit dem idealisierten Objekt zu verschmelzen, um damit den frühkindlichen Zustand absoluter Geborgenheit und Sicherheit wiederherzustellen. Reale Unsicherheitsgefühle versuchen School-Shooter durch – wenn auch nur imaginierte – Unterwerfung unter eine Autorität auszugleichen und das Gefühl der Minderwertigkeit in ein Gefühl der Überlegenheit zu wandeln.

Unter diesem Aspekt lässt sich auch ihre Vorliebe für gewalthaltige Medienprodukte interpretieren. School-Shooter sind fasziniert von starken männlichen Führerfiguren, wie sie uns in Videospielen und im Fernsehen begegnen. Sie identifizieren sich mit ihnen, ja werden schließlich ganz real zu diesen Figuren, weil dies ihnen erlaubt, an ihrer gedachten Allmacht teilzuhaben. Ähnlich verhält es sich mit der Bewunderung für vorangegangene School-Shootings. Dass viele der späteren Täter in Tagebüchern und Abschiedsbriefen sich ganz direkt auf andere School-Shootings beziehen, dass sie die Täter als Götter verehren (Bastian Bosse), sie als Brüder und Schwestern bezeichnen (T.J. Solomon), als Menschen mit »Durchblick« (Robert Steinhäuser), ja dass sie schließlich für ihren Amoklauf einen Jahrestag auswählen, kann als symbolische Teilhabe an der imaginierten Größe und Allmacht ihrer Vorbilder gedeutet werden.[8] Bei kaum einem kommt dies besser zur Geltung als bei Kimveer Gill: Zum Zeitpunkt seines Amoklaufs war Gill bereits 25 Jahre alt. Keinerlei Bezug besaß er zu der Schule, an der er Amok lief. Es hätte jede andere Schule in Kanada sein können. Was Eisenberg generell über Amokläufer festgestellt hat, trifft auf diesen speziellen Fall sicherlich zu. Gill sucht seinen Tod als Akt der Selbstopferung zu inszenieren. Indem er seinen Amoklauf in den Dienst jener »Bewegung« stellt, deren Zugehörigkeit er mit seiner Tat unter Beweis stellt, lässt sich sowohl der Tabubruch rechtfertigen als auch der narzisstische Wunsch nach Unsterblichkeit befriedigen.

Doch steht Gill mit dieser Verhaltensweise nicht allein. Viele School-Shooter inszenieren sich als Märtyrer einer großartigen Sache und steigen in ihrer Selbstwahrnehmung durch ihren Amoklauf in den Olymp jener mächtigen Bewegung auf, als deren Teil sie sich fühlen (vgl. Robertz 2004, S. 181f.). Selbstlos opfern sie ihr eigenes Leben, »[to] inspire all the intelligent people of the world and start some sort of revolution against the current system« (Pekka-Eric Auvinen Manifest). Bastian Bosse, Eric Harris, Cho Seung-Hui und Kimveer Gill – sie alle inszenieren sich als Vorkämpfer einer Weltrevolution, als Rächer aller Ausgeschlossenen und Gedemütigten, als vergötterte Idole einer kommenden Welt. »Dank Euch«, so Cho Seung-Hui in einem seiner Abschiedsvideos, »sterbe ich wie Jesus Christus, um Generationen schwacher und schutzloser Menschen zu inspirieren«.

Indem sie ihrer Racheaktion so eine politische Note geben, können die letzten inneren Kontrollinstanzen außer Kraft gesetzt werden. Über die gesellschaftliche Einbettung können sie das Tötungs- und Selbsttötungstabu außer Kraft setzen, das einer Umsetzung ihrer destruktiven Fantasien noch entgegenarbeiten könnte. Zugleich erfolgt damit eine Erweiterung ihres Aktionsradius. Es sind nicht länger nur die Lehrer, die sie haben durchfallen lassen, oder die Schüler, die sie gedemütigt

---

8 Auch der verhinderte Amoklauf von Köln im November 2007, der aufgrund des Selbstmordes einer der beiden Täter für Schlagzeilen sorgte, sollte am ersten Jahrestag von Bastian Bosses Amoklauf stattfinden. Eine ausführliche Liste ausgewählter Nachahmungstaten und verhinderter School-Shootings findet sich in Robertz (2004, S. 82ff.).

und ausgeschlossen haben, gegen die sie in den Kampf ziehen. Ihr Hass ist universell: »Of course there is a final solution too: death of entire human race. It would solve every problem of humanity. The faster human race is wiped out from this planet, the better ... no one should be left«, schreibt Pekka-Eric Auvinen in seinem Manifest und Eric Harris in seinem Tagebuch zum selben Thema: »I say, ›KILLMANKIND‹ no one should survive.« Der Wunsch, die ganze Welt zu vernichten, spiegelt sich im willkürlichen Töten wieder. Kaum noch eine Rolle spielt, wen die Kugel trifft. Die ganze Welt hat sich an ihnen versündigt und folglich verdient sie es, zu sterben. »Indifferent tötet der Amokläufer ebenso indifferente Wesen, der gestaute Haß verwandelt sich in die anonyme Masse der Umzubringenden«, wie Eisenberg (2002, S. 91) schreibt. Am liebsten hätte er, dass alles Leben mit ihm endet. Denn wenn er die Welt schon nicht beherrschen kann, dann soll die Welt wenigstens mit ihm untergehen.

School-Shooter suchen den endgültigen Triumph über das ungenießbare Leben, die Erlösung vom nichtigen Dasein durch Selbsttötung und Tötung anderer herbeizuführen. Letztlich speist sich dieser Gedanke aus dem Wunsch, zurückzukehren in den frühkindlichen Zustand, in dem die äußere Welt Teil des eigenen Ichs und seinen Bedürfnissen untertan gewesen ist.

Der Star

Narzisstisches Verhalten, das Stimmer dem Typus *Star* zurechnet, zeichnet sich vor allem durch ein erhöhtes Geltungsbedürfnis und den Drang, im Mittelpunkt stehen zu wollen, aus. Der *Star* sucht die Nähe zu Menschen, die die Bereitschaft aufweisen, durch uneingeschränkte Bewunderung ihr überhöhtes Selbstbild zu stützen. Nun ziehen sich, wie aufgezeigt, School-Shooter aus der Öffentlichkeit zurück und versuchen ihr Möglichstes, um Aufmerksamkeit zu vermeiden. Dies allerdings gilt nur bis zum Tag ihres Amoklaufs selbst. An diesem Tag nämlich betreten sie eine öffentliche Bühne und fordern von der Welt das ein, was ihnen zusteht. Gewaltsam treten sie aus dem unbedeutenden Dasein des gekränkten und erniedrigten jungen Mannes heraus und stellen sicher, dass man sie nicht länger übersehen kann. Für den Moment ihres Amoklaufs bilden sie den Mittelpunkt der Welt. Sie sind der Star dieser blutigen Show, ihnen allein gebührt jene Aufmerksamkeit, die ihnen ihr ganzes Leben lang vorenthalten worden ist. Deswegen flüchten sie nicht vom Tatort, deswegen haben sie auch kein Interesse daran, ihre Identität zu verschleiern. Die ganze Welt soll sehen, wozu sie in der Lage sind, wozu sie allein, und nur sie fähig sind. »This was my plan and my work. I did this alone, completly alone«, sagt Bastian Bosse in seinem Abschiedsvideo und Eric Harris zum selben Thema in seinem Tagebuch: »Its MY fault! Not my parents, not my brothers, not my friends, not my favorite bands, not computer games, not the media. IT is MINE!« School-Shooter kennen die Debatte um gewaltverherrlichende Computerspiele und Musik. Sie wissen, wie die Öffentlichkeit auf ihre Tat reagieren wird, dass man sie als Soziopathen und wahnsinnige Massenmörder beschreiben wird (vgl. Pekka-Eric Auvinen Manifest), und legen Wert darauf, dass genau dies geschieht. Damit nämlich steigert sich das Interesse an ihrer Person. Kurz vor der Tat posieren sie in Abschiedsvideos und auf Fotos als »kranke Killer« und bedienen jenes Klischee, das die Welt von ihnen hat. Nicht nur ihre Tat selbst, auch ihr geistiges Testament, festgehalten auf Zelluloid oder Papier, veröffentlicht vor einem Massenpublikum im Internet, füttert dieses Klischee und stellt sicher, dass man sich ihrer erinnert. Der Tabubruch, wie eine Inszenierung, ein Theaterstück von langer Hand geplant und perfekt ausgeführt, erfüllt seinen Zweck. »Damit mich nie wieder ein Mensch vergisst […]. Ich will das sich mein Gesicht in eure Köpfe einbrennt!« schreibt Bastian Bosse in seinem Abschiedsbrief und Harris und Klebold diskutieren in den Basement-Tapes darüber, ob Steven Spielberg oder doch lieber Quentin Tarantino ihr Leben verfilmen sollte. Ein School-Shooting ist damit auch der Beweis eigener Existenz, die Sicherstellung von unsterblichem Ruhm.

Nicht nur ihre Lehrer und Mitschüler, an denen sie sich rächen, sollen das, was sie tun, sehen. Ihr Publikum ist größer als das soziale Umfeld, in dem sie leben. Ihr Publikum ist die Welt, die Zuschauer, die vor dem Fernseher sitzend ihre Tat verfolgen und ihnen so, wenigstens für einen Augenblick, ihre Aufmerksamkeit schenken. Wenigstens für den Moment ihrer Tat stehen sie im Rampenlicht, enthoben der Masse, die sie gedemütigt und ausgeschlossen hat. »I can't say I belong to the same race as the lousy, miserable, arrogant, selfish human race! No! I have evolved one step above« (Pekka-Eric Auvinen Manifest). Und Eric Harris sagt zum selben Thema: »I am higher then you people, no matter what you say if you disagree I would shoot you« (Tagebuch). Kein Interesse haben sie mehr an einer Normbiografie mit geregelter Arbeit, mit Haus und Ehefrau, wie folgende Zeilen aus Bastian Bosses Abschiedsbrief belegen können:

> »Wozu das alles? Wozu soll ich arbeiten? Damit ich mich kaputtmaloche um mit 65 in den Ruhestand zugehen und 5 Jahre später abzukratzen? Warum soll ich mich noch anstrengen irgendetwas zu erreichen, wenn es letztendlich sowieso für'n Arsch ist weil ich früher oder später krepiere? Ich kann ein Haus bauen, Kinder bekommen und was weiss ich nicht alles. Aber wozu? Das Haus wird irgendwann abgerissen, und die Kinder sterben auch mal. Was hat denn das Leben bitte für einen Sinn? Keinen!«

Das »gewöhnliche Leben« hat ihnen nichts mehr zu bieten. Unter allen Umständen gilt es, etwas Besonderes darzustellen, außergewöhnlich und individuell zu sein. »I will rather fight and die than live a long and unhappy live«, schreibt Pekka-Eric Auvinen in seinem Manifest passend dazu. School-Shooter wollen lieber sterben als ein Leben zu leben, das ebenso gut nicht hätte gelebt werden müssen – auch und gerade weil sie davon ausgehen, dass sich an ihrer sozialen Positionierung nichts mehr ändern lässt, dass ihr niederer sozialer Status, den sie auf der Schule einnehmen, sich in ihrem weiteren Leben fortsetzen wird. Ihr Hass gegen eine Normbiografie ist die Konsequenz eines Lebens, das von sozialem Ausschluss und mangelnder Anerkennung geprägt ist. Von der Möglichkeit, sich auf konventionellem Wege Anerkennung und Glück zu verschaffen, abgeschnitten, greifen sie zum Mittel der Gewalt, um auf sich und ihre soziale Lage aufmerksam zu machen. Indem sie Gewalt anwenden, zwingen sie andere, sie zu beachten. Denn als Killer kann man sie nicht länger ignorieren, als Killer muss man sie auch ernst nehmen und ihnen zuhören. Letztlich ist es genau das, worum es ihnen geht: Mit einem großen Knall ihr Leben zu beenden, »to leave a lasting impression«, wie Eric Harris sagt (z. n. Brown/Merritt 2002, S. 96), auf dass man ihnen endlich zuhört und sie niemals vergessen werden.

Es ist dieser zum Fetisch gewordene Zwang, aufzufallen, der unbedingte Wunsch, gesehen zu werden und berühmt zu sein wie ein Star, der den eigentlichen Kern ihres Seelenlebens bildet. Auch deswegen bringen sie sich nicht einfach um: Es wäre nicht Recht, von aller Welt unbemerkt dahinzuscheiden und würde ihrem grandiosen Selbst auch nicht entsprechen. »After sitting there for what seemed like hours [...], I had the revelation that this was not the path«, schreibt Jeffrey Weise in einem Internetforum über seinen Selbstmordversuch. Ihre Mitschüler, ihre Lehrer, die ganze Welt hat es nicht verdient, dass sie leise, still und heimlich sich das Leben nehmen. Ein letztes Mal wenigstens wollen sie gesehen werden, wollen sich präsentieren und zeigen, dass es nicht Recht war, sie auszuschließen.

Zusammenfassung

School-Shooter zeichnen sich, so legen die Selbstauskünfte der späteren Täter nahe, durch ein erhebliches Maß an narzisstischem Verhalten aus. Sowohl der Typus *Isolierter*, als auch die Typen *Star* und *Fan* lassen sich bei School-Shootern auffinden. So ziehen sich viele der späteren Täter wie gesehen aus der Realität zurück in der Hoffnung, dadurch erneuten Kränkungen aus dem Weg zu gehen und flüchten sich zur Stabilisierung ihres bedrohten Selbst in eine Fantasiewelt, deren Inhalt Bilder der Größe und Omnipotenz bilden.

Was anfänglich noch der Kompensation real erlittener Niederlagen gedient haben mag, entwickelt eine Eigendynamik, mit deren Fortschreiten die Täter mehr und mehr in ihrer Fantasiewelt zu versinken drohen. Um das Selbstbild der gottähnlichen Figur vor sich und vor anderen aufrecht zu erhalten, müssen sie ihre Fantasiewelt in die Realität umsetzen. Zunächst geschieht dies noch über Teilrealisierungen. So lassen sich viele der von den späteren Tätern angefertigten fiktiven Geschichten und Videos, wie sie oben dargestellt wurden, in diesem Sinne interpretieren. Derartige Erzeugnisse mögen zunächst auch von den späteren Tätern eher nur als Spiel wahrgenommen worden sein. Schließlich aber wurde in diesem Spiel eine reale Möglichkeit entdeckt, Anerkennungsdefizite wett zu machen und sich das zu besorgen, was ihnen fehlt: Sichtbarkeit. Letztlich scheint es dieser unbedingte Wunsch zu sein, von anderen gesehen und beachtet zu werden, der einen starken Einfluss ausübt auf die jugendlichen Täter und sie letztendlich zur Tat schreiten lässt. Darin aber folgen sie einer gesellschaftlichen Entwicklung, bei der die Inszenierung und Vergrößerung des eigenen Selbst zum Fetisch geworden zu sein scheint.

School-Shootings –
Die Schattenseite der Gesellschaft

Ziel dieser Arbeit war es, die Ursachen von School-Shootings zu bestimmen. Da menschliches Handeln niemals nur auf eine einzige Ursache zurückgeführt werden kann, wurde hierbei von einem multikausalen Erklärungsansatz ausgegangen. In den beiden ersten Kapiteln dieses Buches wurde das Phänomen School-Shooting näher umschrieben. Tat- und Tätermerkmale wurden bestimmt und es wurde aufgezeigt, weshalb es sinnvoll ist, School-Shootings als eigenständiges Phänomen zu diskutieren und nicht im Kontext jugendlicher Tötungsdelinquenz im Allgemeinen.

Die folgenden drei Kapitel bildeten den eigentlichen Hauptteil dieser Arbeit. Wie dargestellt, gründen School-Shootings in einer weitgehenden sozialen Exklusion der Täter, aus der sie sich über ihren Amoklauf gewaltsam zu befreien suchen. Prädeliktisch machen School-Shooter schwerwiegende Erfahrungen der Niederlage und des Verlustes, die ihr Selbstwertgefühl stark in Mitleidenschaft ziehen und zu tiefen Depressionen führen. Einige School-Shooter versagen in ihren schulischen Leistungen, manche fallen negativ durch ihr Verhalten auf und werden von den Lehrern dafür gemaßregelt. So gut wie alle School-Shooter sind über einen längeren Zeitraum hinweg verbalen und physischen Attacken ihrer Mitschüler ausgesetzt, was sich an ihrer Positionierung am unteren Ende der sozialen Pyramide ausdrückt. Ihr sozialer Ausschluss wird von den Tätern als ungerecht erlebt, sodass sich Rache als eindeutiges Motiv für ein School-Shooting bestimmen lässt. Bevor es allerdings zum Amoklauf kommt, wenden School-Shooter unterschiedlichste Bewältigungsstrategien an, die zumeist jedoch ins Gegenteil umschlagen und damit ihre missliche Lage noch verschärfen. Zuvorderst zu nennen wäre diesbezüglich die Strategie, durch Selbstisolation potenziell diskreditierende Situationen zu vermeiden. Sie scheitert, und muss scheitern, da der Schulsituation als solcher nicht aus dem Weg gegangen werden kann. Infolgedessen kommt es zu einer inneren Abwendung von der Schule als solcher, die sich in der Einnahme einer Anti-Haltung ausdrückt. School-Shooter beginnen zu hassen, wovon sie ausgeschlossen bleiben und wandeln ihr Stigmasymbol in ein Statussymbol, wodurch es zu einer erneuten Verschärfung ihrer misslichen Lage kommt. Durch Anschluss an eine schulische oder außerschulische Subkultur wird seitens der Täter versucht, Anerkennungsdefizite wett zu machen und jenes Maß an Sicherheit zu erlangen, dass ihnen für ihr eigenes Leben abhanden gekommen ist. Scheitert auch dieses Mittel, verbleibt als letzter Versuch, sich Respekt zu verschaffen, die Androhung von Gewalt. Um vor anderen ihr Image als »Killer« glaubhaft vertreten zu können, müssen sie Gewalt anwenden.

Um den Tabubruch zu legitimieren, muss diese Gewaltanwendung gerechtfertigt werden. Dazu greifen School-Shooter auf ein kulturell vorgegebenes Muster zurück, das Gewalt in bestimmten Situationen als notwendige und sinnvolle Handlungsweise präsentiert. Diese Rechtfertigungsgrundlage von Gewalthandlungen wird auch – aber nicht nur – medial hergestellt und reproduziert und an die Rezipienten herangetragen. School-Shooter rechtfertigen ihre Gewalthandlung, indem sie sich als wehrlose Opfer in Szene setzen und ihrem persönlichen Rachefeldzug eine politische Note geben. Darüber können innere Kontrollinstanzen außer Kraft gesetzt werden. Über die Gewaltanwendung, die Ausdruck von Macht und Dominanz ist, kann zudem Männlichkeit bewerkstelligt werden. School-Shooter fallen aus dem Konzept hegemonialer Männlichkeit heraus und greifen über die Gewaltanwendung auf gesellschaftlich nicht legitimierte Darstellungsformen von Männlichkeit zurück. Als zusätzlich handlungsanregend können Berichterstattungen über vorangegangene School-Shootings wirken. School-Shooter nehmen medial verarbeitete Amokläufe wahr und beziehen sich in Tagebüchern und Abschiedsbriefen auf diese, um Serialität herzustellen. Über die Bezugnahme zu diesen knüpfen sie an eine bestehende Öffentlichkeit an und stellen das her, was ihnen fehlt: Sichtbarkeit. Auf Fotos und in Videos bedienen sie das Klischee des wahnsinnigen Killers und sorgen so für ein zusätzliches Maß an Interesse an ihrer Person.

In diesem unbedingten Wunsch, aufzufallen, zeigt sich letztlich das narzisstische Grundmuster, das vielen Taten zu Grunde liegt. Durch fortwährende Kränkungen wird das Selbstwertgefühl der Täter derart beeinträchtigt, das sie zu verschiedenen Formen narzisstischen Abwehrverhaltens greifen, um der Krisen Herr zu werden. Da die Realität nur noch als kränkend erfahren wird, ziehen sie alle libidinöse Energie von der Welt ab und nehmen Zuflucht zu selbstwertstabilisierenden Fantasien, die im Kern den narzisstischen Wunsch nach Allmacht und Omnipotenz beinhalten. Die Fantasie entwickelt schließlich eine Eigendynamik, in dessen Verlauf sich die zunächst noch abstrakte Idee von einem Amoklauf in eine konkrete Tatabsicht wandelt. Indem sich die Täter die Folgen ihres Handelns ausmalen und in ihrer Bedeutung überhöhen, erhalten sie narzisstische Befriedigung. Schließlich wird die kränkende Realität der Fantasie unterworfen und die grandiosen Selbstbilder werden in die Realität übertragen.

Ziel dieser Arbeit war nicht, Möglichkeiten der Amok-Prävention aufzuzeigen. Dass dies möglich ist, zeigte sich zuletzt in Köln 2007. Nicht eine Verschärfung von Medienschutz- oder Waffengesetzen haben diesen Amoklauf verhindert. Es waren Mitschüler, die auf die Website der beiden Jugendlichen aufmerksam wurden und durch ihr Eingreifen so Schlimmeres abwenden konnten. Dass die mediale Debatte um School-Shootings hysterisch und moralisierend geführt wird, im Kontext eines »allgemeinen Wertezerfalls«, einer zunehmenden »Verrohung des gesellschaftlichen Miteinanders« ist gleich doppelt falsch: Falsch, weil damit der Eindruck erweckt wird, ein School-Shooting sei etwas Alltägliches, etwas, dass jeden Tag und überall passieren könnte. Wenn Politiker und Meinungsmacher während des öffentlichen Gottesdienstes, der in alle Haushalte des Landes *live* übertragen wird, von der Kanzel aus zu mehr Nächstenliebe und Solidarität aufrufen, hilft das niemanden – und verhindern tut das auch nichts. Im Gegenteil bereitet dieser Medienhype die Grundlage für den nächsten Amoklauf. Doch auch kritische Wissenschaftler wie Götz Eisenberg (vgl. 2000, S. 169) müssen sich die Frage gefallen lassen, wem es nützt, wenn sie im Amoklauf das Verbrechen ausmachen, dem die kriminelle Zukunft gehört. Amokläufe bilden eine höchst seltene Form sozialen Handelns. Ein bisschen mehr Gelassenheit wäre da vielleicht eher angebracht.

Falsch ist diese Debatte auch deswegen, weil School-Shooter nicht an einem Mangel an Orientierung leiden, sondern an einem Mangel an Anerkennung. Sie töten nicht in blinder Wut, wie dies der Buchtitel von Waldrich (2007) nahe legen würde. Sie sind auch nicht die »wahnsinnigen Killer«, als die sie sich gerne darstellen und von der Öffentlichkeit wahrgenommen werden. Ihr Handeln ist im höchsten Maße sinnvoll und wäre ohne eine Gesellschaft, die diesem Handeln Sinn verleiht, nicht denkbar. School-Shooter mögen von einer vollständigen Partizipation am gesellschaftlichen Leben ausgeschlossen bleiben, doch stehen auch sie nicht außerhalb der Gesellschaft. Sie bilden ihre Schattenseite.

Literatur

Adler, Lothar (2000): Amok – Eine Studie. München (Verlag Michael Farin).
Beier, Lars-Olav; Blech; Dallach; Kneip; Sorge & Wolf (2002): Die freie Hasswirtschaft. Der Spiegel 19, 6. Mai 2002, 218–223.
Beyer, Christof (2004): Der Erfurter Amoklauf in der Presse – Unerklärlichkeit und die Macht der Erklärung: Eine Diskursanalyse anhand zweier ausgewählter Beispiele. Hamburg (Verlag Dr. Kovac).
Blumstein, Alfred (2002): Schusswaffen und Gewalt. In: Heitmeyer, Wilhelm/ Hagan, John (Hrsg.): Internationales Handbuch der Gewaltforschung. Wiesbaden (Westdeutscher Verlag), S. 819–845.
Brown, Brooks & Merritt, Rob (2002): No easy answers: The truth behind death at Columbine High School. New York (Latern Books).
Cremer-Schäfer, Helga & Steinert, Heinz (1998): Straflust und Repression. Zur Kritik der populistischen Kriminologie. Münster (Westfälisches Dampfboot).
Dollinger, Bernd/Raithel, Jürgen (2006): Einführung in die Theorien abweichenden Verhaltens. Weinheim und Basel (Beltz Verlag).
Eichner, Susanne (2003): Vom Mythos der Ballerspiele. Ein Einblick in die aktuelle Computerlandschaft. In: Archiv der Jugendkulturen (Hg.): Der Amoklauf von Erfurt. Berlin: (Archiv der Jugendkulturen Verlag KG), S. 75–92.
Eisenberg, Götz (2000): Amok – Kinder der Kälte. Über die Wurzeln von Wut und Hass. Hamburg (Rowohlt Taschenbuch Verlag).
Eisenberg, Götz (2002): Gewalt, die aus der Kälte kommt. Amok – Pogrom – Populismus. Gießen (Psychosozial-Verlag).

Literatur

Findeisen, Hans-Volkmar & Kersten, Joachim (1999): Der Kick und die Ehre – Vom Sinn jugendlicher Gewalt. München: (Verlag Antje Kunstmann).

Frommknecht-Hitzler, Marlies (1994): Die Bedeutung von Idealisierung und Idealbildung für das Selbstgefühl. Würzburg (Könighaus & Neumann).

Fuchs, Marek; Lamnek, Siegfried & Luedtke, Jens (1996): Schule und Gewalt. Realität und Wahrnehmung eines sozialen Problems. Opladen (Leske und Budrich).

Gamillscheg, Hannes (2008): Von langer Hand geplant. Frankfurter Rundschau 103, 3. Mai 2008, 11.

Goffman, Erving (1975 [1963]): Stigma. Frankfurt am Main (Suhrkamp Taschenbuch Verlag).

Hermanutz, Max & Kersten, Joachim (2003): Amoktaten aus kriminalpsychologischer Sicht. In: Archiv der Jugendkulturen (Hg.): Der Amoklauf von Erfurt. Berlin (Archiv der Jugendkulturen Verlag KG), S. 93–108.

Huisken, Freerk (2002): z.B. Erfurt: Was das bürgerliche Bildungs- und Einbildungswesen so alles anrichtet. Hamburg (VSA-Verlag).

Huisken, Freerk (2007): Über die Unregierbarkeit des Schulvolks: Rütli-Schulen, Erfurt, Emsdetten usw. Hamburg (VSA-Verlag).

Lamnek, Siegfried (1985): Wider den Schulenzwang – Ein sekundäranalytischer Beitrag zur Delinquenz und Kriminalisierung Jugendlicher. München (Wilhelm Fink Verlag).

Lamnek, Siegfried (2002): Individuelle Rechtfertigungsstrategien von Gewalt. In: Heitmeyer, Wilhelm & Hagan, John (Hg.): Internationales Handbuch der Gewaltforschung. Wiesbaden (Westdeutscher Verlag), S. 1379–1398.

Landeskriminalamt Nordrhein-Westfalen (2007): Amoktaten – Forschungsüberblick unter besonderer Beachtung jugendlicher Täter im schulischen Kontext 2007. Kriminalistisch-Kriminologische Forschungsstelle. Analysen Nr3/2007. http://www1.polizei-nrw.de/lka/stepone/data/downloads/d3/00/00/amoktaten.pdf (Stand: 27. Juni 2008).

Lübbert, Monika (2002): Amok: Der Lauf der Männlichkeit. Frankfurt am Main (Verlag für Polizeiwissenschaft).

Lukesch, Helmut (2002): Gewalt und Medien. In: Heitmeyer, Wilhelm & Hagan, John (Hg.): Internationales Handbuch der Gewaltforschung. Wiesbaden (Westdeutscher Verlag), S. 639–675.

Kahl, Reinhard (2003): Zwischen Erfurt und Pisa. Fragen an das System Schule. In: Archiv der Jugendkulturen (Hg.): Der Amoklauf von Erfurt. Berlin (Archiv der Jugendkulturen Verlag KG), S. 19–45.

Keckeisen, Wolfgang (1974): Die gesellschaftliche Definition abweichenden Verhaltens. München (Juventa).

Kersten, Joachim (1997): Gut und Geschlecht – Männlichkeit, Kultur und Kriminalität. Berlin (de Gruyter).

Kersten, Joachim & Steinert, Heinz (Hg.) (1997): Starke Typen: Iron Mike, Dirty Harry, Crocodile Dundee und der Alltag von Männlichkeit (Nomos-Verlagsgesellschaft).

Matt, Eduard (2005): Ausbildung und Berufsqualifikation. In: Anhorn, Roland & Bettinger, Frank: Sozialer Ausschluss und soziale Arbeit – Positionsbestimmungen einer kritischen Theorie und Praxis Sozialer Arbeit. Wiesbaden (Verlag für Sozialwissenschaften), S. 351–366.

Matt, Eduard (2007): Schulbiographien, Delinquenz und Ausschluss. In: Cremer-Schäfer, Helga; Pilgram, Arno; Stangl, Wolfgang & Steinert, Heinz (Hg.): Jahrbuch für Rechts- und Kriminalsoziologie '05. Saubere Schulen – Vom Ausbrechen und Ausschließen Jugendlicher. Baden-Baden (Nomos Verlagsgesellschaft), S. 125–138.

Mikos, Lothar (2003): Amok in der Mediengesellschaft. In: Archiv der Jugendkulturen (Hg.): Der Amoklauf von Erfurt. Berlin (Archiv der Jugendkulturen Verlag KG), S. 46–74.

Newman, Katherine; Fox, Cybelle; Harding, David J.; Metha, Jal & Roth, Wendy (2004): Rampage – The social roots of School-Shootings. New York (Basic Books).

Robertz, Frank J. (2004): School-Shootings. Frankfurt (Verlag für Polizeiwissenschaft).

Robertz, Frank J. (2007): Nachahmung von Amoklagen. Über Mitläufer, Machtphantasien und Medienverantwortung. In: Hoffmann, Jens & Wondrak, Isabel (Hg.): Amok und zielgerichtete Gewalt an Schulen – Früherkennung/Risikomanagement/Kriseneinsatz/Nachbetreuung. Frankfurt am Main (Verlag für Polizeiwissenschaft), S. 71–86.

Robertz, Frank J. & Wickenhäuser, Ruben (2007): Der Riss in der Tafel. Amoklauf und schwere Gewalt in der Schule. Heidelberg (Springer Medizin Verlag).

Steinert, Heinz (1997): Schwache Patriarchen – gewalttätige Krieger. In: Kersten, Joachim & Steinert, Heinz (Hg.): Jahrbuch für Rechts- und Kriminalsoziologie 1997. Starke Typen: Iron Mike, Dirty Harry, Crocodile Dundee und der Alltag von Männlichkeit. Baden-Baden (Nomos-Verlagsgesellschaft), S. 121–158.

Stimmer, Franz (1987): Zur Psychogenese und Soziogenese narzißtischen Verhaltens. Berlin (Duncker und Humblot).
Strzyz, Klaus (1978): Sozialisation und Narzißmus – Gesellschaftlicher Wandel und die Veränderung von Charaktermerkmalen. Wiesbaden (Akademische Verlagsgesellschaft).
Waldrich, Hans-Peter (2007): In blinder Wut – Warum junge Menschen Amok laufen. Köln: (PapyRossa Verlag).
Wille, Joachim (2009): Geschockt und hilflos. Eine Stadt sucht nach Erklärungen. Frankfurter Rundschau 60, 12. März 2009, 3.

Pressemitteilungen

Gasser, Karl Heinz; Creutzfeld, Malte; Näher, Markus; Rainer, Rudolf & Wickler, Peter (2004): Bericht der Kommission Gutenberg-Gymnasium. Erfurt (Freistaat Thüringen).
Jefferson County Sheriff's Office: Columbine Documents. http://denver.rockymountainnews.com/pdf/900columbinedocs.pdf (Stand: 23. Juni 2008).
Owens, Bill & Erickson, William H. (2001): Columbine Review Commission. State of Colorado. http://www.state.co.us/columbine/Columbine_20Report_WEB.pdf (Stand: 27. Juni 2008).
U.S. Department of Justice: Homicide Trends in the U.S. – Age Trends. 1975–2005. http://www.ojp.usdoj.gov/bjs/homicide/tables/vagetab.htm (Stand: 28. Juni 2008).
U.S. Department of Justice: Homicide Trends in the U.S. – Trends by city size. 1975–2005. http://www. ojp.usdoj.gov/bjs/homicide/city.htm (Stand: 28. Juni 2008).
U.S. Department of Justice: Homicide Trends in the U.S. – Homicide Circumstance. 1975–2005. http://www.ojp.usdoj.gov/bjs/homicide/circumst.htm (Stand: 28. Juni 2008).
U.S. Department of Justice: Homicide Trends in the U.S. – Trends by race. 1975–2005. http://www.ojp.usdoj.gov/bjs/homicide/race.htm (Stand: 04. Juni 2008).
U.S. Department of Justice: School Crime and Safety 2004. http://www.ojp.usdoj.gov/bjs/pub/pdf/iscs04st.pdf (Stand: 28. Juni 2008).
Vossekuil, Bryan; Fein, Robert; Reddy, Marisa; Borum, Randy & Modzeleski, William (2002): The final report and findings of the safe school Initiative:

Implications for the prevention of School attacks in the United States. Washington (US Secret Service and US Dept. of Education).

Online-Artikel und -Material

Biografie von Andy Williams: http://www.andyspeaks.com/biography.htm (Stand: 18. Juni 2008)
Cho, David/Gardner, Amy: An Isolated Boy in a World of Strangers. In: Washington Post vom 21. April 2007, A01. URL: http://www.washingtonpost.com/wp-dyn/content/article/2007/04/20/AR2007042002366.html (Stand: 23. Juni 2008).
Frontline: The Killer at Thurston High. http://www.pbs.org/wgbh/pages/frontline/shows/kinkel/kip/cron.html (Stand: 27. Juni 2008).
Internetpräsentation des Quiltmuseums in Paducah, Kentucky. http://www.quiltmuseum.org/ (Stand: 26. April 2008).
Wikipedia: Paducah, Kentucky. http://en.wikipedia.org/wiki/Paducah,_Kentucky (Stand: 26. April 2008).

Bildmaterial

Moore, Michael: Bowling for Columbine. Universal/DVD 2003.
Troller, Georg Stefan: Amok! Kick Film 2003.

Quellennachweise der angeführten Tagebücher und Videos

Auvinen, Pekka-Eric: Angriffs-Ziele. Veröffentlicht auf: http://retecool.com/uploads/mirrordir/pekka/Attack%20Information.doc (Stand: 27. Juni 2008).
Auvinen, Pekka-Eric: Manifest. Veröffentlicht auf: http://zami.pp.fi/jokela/files/Manifesto.doc (Stand: 27. Juni 2008).
Auvinen, Pekka-Eric: Schießübungen. Veröffentlicht auf http://de.youtube.com/watch?v=b8z5OgcWyQc (Stand: 27. Juni 2008).

Auvinen, Pekka-Eric: Website. Veröffentlicht auf: http://retecool.com/uploads/ mirrordir/pekka/Sturmgeist-youtube.htm (Stand: 27. Juni 2008).
Bosse, Bastian: Abschiedsbrief. Veröffentlicht auf: URL: http://www.heise.de/ tp/r4/artikel/24/24032/1.html (Stand: 22. April 2008).
Bosse, Bastian: Abschiedsvideo. Veröffentlicht auf: URL: http://www.youtube.com/ watch?v=f13tl50EH6M&mode=related&search= (Stand: 22. April 2008).
Bosse, Bastian: Beratungs-Forum. Veröffentlicht auf: URL: http://blog.darkborn.eu/download/beratungsnetz.php (Stand: 22. April 2008).
Bosse, Bastian: Online-Tagebuch. Veröffentlicht auf: URL: http://resistantx.livejournal.com/(Stand: 22. April 2008).
Bosse, Bastian: Tagebuch. Veröffentlicht auf: http://staydifferent.st.ohost.de/diary/(Stand: 22. April 2008).
Bosse, Bastian: Scheinexekution. Veröffentlicht auf: http://de.youtube.com/watch?v=13kpqWC3KOo&feature=related (Stand: 27. Juni 2008).
Bosse, Bastian: Video im Wald. Veröffentlicht auf: http://www.youtube.com/ watch?v=NkRe1G4KOC8 (Stand: 22. April 2008).
Gill, Kimveer: Likes and Dislikes. Veröffentlicht auf: http://en.wikipedia.org/wiki/Kimveer_Gill (Stand: 27. Juni 2008).
Gill, Kimveer: Vampirefreaks. Veröffentlicht auf: http://kimveer-gill-news.newslib.com/story/9375–1/(Stand: 27. Juni 2008).
Harris, Eric: Tagebuch. Veröffentlicht auf: http://www.acolumbinesite.com/eric/writing/journal.html (Stand: 27. Juni 2008).
Harris, Eric: Tribute-Video. Veröffentlich auf: http://de.youtube.com/ watch?v=wzLjJccFJ2M (Stand: 8. Mai 2008).
Harris, Eric & Klebold, Dylan: Abschrift der Basement-Tapes. Veröffentlicht auf: http://www.acolumbinesite.com/quotes.html (Stand: 27. Juni 2008).
Harris, Eric & Klebold, Dylan: Hitmen for Hire. Veröffentlicht auf: http://de.youtube.com/watch?v=0SlZDcYNfS8 (Stand: 27. Juni 2008).
Harris, Eric & Klebold, Dylan: Schießübungen im Wald. Veröffentlicht auf: http://de.youtube.com/watch?v=9ryKbjaniqA&feature=related (Stand: 27. Juni 2008).
Seung-Hui, Cho: Richard McBeef. Veröffentlicht auf: http://www.thesmokinggun.com/archive/years/2007/0417071vtech1.html (Stand: 27. Juni 2008).
Seung-Hui, Cho: Video-Manifest. Veröffentlicht auf: http://de.youtube.com/ watch?v=VyalPi1GeDY (Stand: 22. Juni 2008).
Weise, Jeffrey: Animationsfilm. Veröffentlicht auf: http://www.newgrounds.com/portal/view/195194 (Stand: 27. Juni 2008).

Weise, Jeffrey: Foren-Einträge. Veröffentlicht auf: http://www.the13thcolony.
com/2005/03/jeff-weise.html (Stand: 27. Juni 2008).
Weise, Jeffrey: LifeJournal. Veröffentlicht auf: http://weise.livejournal.com/
(Stand: 27. Juni 2008).
Weise, Jeffrey: NativeNazi. Veröffentlicht auf: http://cryptome.quintessenz.org/
mirror/jeff-weise.htm (Stand: 27. Juni 2008).
Weise, Jeffrey: Newground-Profil. Veröffentlicht auf: http://regret.newgrounds.
com/favorites/(Stand: 27. Juni 2008).
Weise, Jeffrey: Yahoo. Veröffentlicht auf: http://profiles.yahoo.com/verlassen4_20
(Stand: 27. Juni 2008).
Woodham, Luke: Manifest. Veröffentlicht in: Newman et al. 2004, S. 249f.

Anhang

A. Liste der in dieser Arbeit behandelten School-Shootings[1]

30. Dezember 1974 – Olean, New York
Der 18-jährige Anthony Barbaro bringt Schusswaffen und selbstgebastelte Bomben in seine Schule. Daraufhin löst er den Feueralarm aus und feuert auf die herbeieilenden Hausmeister und die eintreffende Feuerwehr. Ein SWAT-Team findet ihn später schlafend vor. Aus den von ihm aufgesetzten Kopfhörern erklingt Musik aus dem Musical *Jesus Christ Superstar*. Kurz darauf erhängt Anthony sich in der Haft, während er auf seine Verhandlung wartet.

29. Januar 1979 – San Diego, Kalifornien (Grover Clevland Elementary School)
Mit einem Präzisionsgewehr schießt die 16-jährige Brenda Spencer von ihrer Wohnung aus auf den gegenüberliegenden Campus, als Schüler zum Unterricht erscheinen. Bei dem Versuch, einem verletzten Kind zu helfen, wird der Rektor tödlich getroffen. Ein Hausmeister, der wiederum dem Rektor helfen will, wird ebenfalls von dem Mädchen erschossen. Daraufhin werden noch neun Schüler und ein Polizeibeamter durch Brendas Schüsse verwundet.

---

[1] Bis einschließlich 2002 wörtlich übernommen aus Robertz 2004, S. 64ff.

Als sie durch die Polizei vernommen wird, warum sie auf die Kinder geschossen habe, antwortet sie: »*I don't like Mondays. This livens up the day.*«

14. Dezember 1988 – Virginia Beach, Virginia
(Atlantic Shores Christian School)
Mit einer halbautomatischen Pistole, die er in einem Rucksack verborgen hatte, schießt der 15-jährige Nicholas Elliott in seiner Schule auf die dortigen Lehrer. Er exekutiert eine Lehrerin aus nächster Nähe, nachdem er sie zuvor verletzt hatte, verwundet einen anderen Lehrer, bricht dann die Tür eines mobilen Trailerklassenraums auf (den die verängstigten Schüler verriegelt hatten) und richtet die Waffe auf seine Mitschüler. Da die Pistole eine Ladehemmung hat, gelingt es einem Lehrer, ihn zu überwältigen.

1. Mai 1992 – Olivehurst, Kalifornien
(Lindhurst High School)
Der Schulabgänger Eric C. Houston, 20, droht seiner Schule telefonisch, am Ende des Tages auf einer Vollversammlung der Schüler zu schießen. Die Versammlung wird daraufhin abgesagt, die Schüler werden jedoch nicht von der Drohung unterrichtet. Mit zwei Gewehren bewaffnet betritt Eric das Schulgebäude und tötet zunächst seinen Geschichtslehrer, von dem er sich ungerecht behandelt fühlt. Dann schießt er wild um sich und nimmt anschließend 70 Schüler für mehr als acht Stunden als Geisel. Bevor er sich der Polizei ergibt, hat er einen weiteren Schüler erschossen sowie elf Schüler und einen Erwachsenen verletzt.

14. Dezember 1992 – Great Barrington, Massachusetts
(Saimon's Rock College)
Nachdem er seinen Freunden gegenüber bereits mehrfach geäußert hat, jemanden töten zu wollen, erschießt Wayne Lo, 18, im Verlauf von 20 Minuten an seiner Schule einen Lehrer sowie einen Mitschüler und verwundet vier weitere Schüler. Die Munition hatte er sich von einem Versandhandel schicken lassen. Die Leitung seiner Schule hatte von diesem Paket gewusst und beschlossen, dass er es behalten dürfe.

18. Januar 1993 – Grayson, Kenntucky
(East Carter High School)
Verärgert über eine schlechte Note stürmt der 17-jährige Gary Scott Pennington mit einem Revolver bewaffnet in seine Klasse und gibt im kurzen zeitlichen Abstand zwei Schüsse auf seine Englischlehrerin ab. Der zweite Schuss trifft sie tödlich in den Kopf. Einen herbeieilenden Verwaltungsmitarbeiter tötet Gary ebenfalls und hält die 22 Schüler der Klasse anschließend als Geisel. Nacheinander lässt er die Schüler schließlich gehen und ergibt sich dann.

12. Oktober 1995 – Blackville, South Carolina
(Blacksville-Hilda High School)
Von einem Klassenkameraden geärgert antwortet Toby Sincino, 16, mit einer obszönen Geste und bekommt dafür einen Verweis seiner Schule. Eine Woche später bringt er eine Waffe mit zum Unterricht, verwundet einen Mathematiklehrer und tötet schließlich sich selbst.

15. November 1995 – Lynnville, Tennesse
(Richland High School)
Mit einem Jagdgewehr bewaffnet schießt Jamie Rouse, 17, in eine Gruppe von Lehrern, weil er sich ungerecht benotet fühlt. Dabei tötet er einen Lehrer und eine Schülerin, die offenbar in das Schussfeld zu einem anderen Lehrer geraten ist. Ein dritter Lehrer wird durch einen Kopfschuss verletzt, bevor ein Mitschüler Jamie daraufhin zur Aufgabe bewegen kann.

2. Februar 1996 – Moses Lake, Washington
(Frontier Junior High School)
Der 14-jährige Barry Loukaitis tötet, mit einem Trenchcoat bekleidet und einem Jagdgewehr sowie zwei Pistolen bewaffnet, zwei Schüler und einen Lehrer seiner Algebraklasse. Ein weiterer Schüler wird verletzt, bevor ein Sportlehrer ihn überwältigen kann.

19. Februar 1997 – Bethel, Alaska
(Bethel Regional High School)
Mit einem von seinen Pflegeeltern gestohlenen Gewehr eröffnet der 16-jährige Evan Ramsey das Feuer in einem öffentlichen Bereich seiner

Schule und tötet dabei einen Schüler und den Rektor. Zwei weitere Schüler werden von ihm verwundet.

1. Oktober 1997 – Pearl, Mississippi (Pearl High School)
Nachdem Luke Woodham, 16, seine schlafende Mutter erstochen hat, fährter zur Schule und schießt neun Schüler an, von denen zwei sterben. Unter den Toten ist auch seine Ex-Freundin. Einem Lehrer vertraut er als Grund seiner Handlungen an: »The world has wronged me.«

1. Dezember 1997 – West Paducah, Kentucky
(Heath High School)
Mit eingesetzten Ohrenschützern eröffnet der 14-jährige Michael Carneal das Feuer einer semiautomatischen Pistole auf einen Gebetskreis seiner Schule. Dabei tötet er drei und verletzt fünf weitere Schüler, bevor der Leiter des Gebetskreises ihn überzeugen kann, seine Waffe zu senken.

24. März 1998 – Jonesboro, Arkansas (Westside Middle School)
Durch einen falschen Feueralarm locken der 13-jährige Mitchell Johnson und der 11-jährige Andrew Golden ihre Mitschüler und Lehrer aus dem Schulgebäude. Durch Tarnanzüge in einem Waldstück nur schwer erkennbar, töten sie daraufhin mit verschiedenen Pistolen, Revolvern und Gewehren bewaffnet vier Schülerinnen und eine Lehrerin. Zehn weitere Schüler werden verletzt.

24. April 1998 – Edinboro, Pennsyvania
(James W. Parker Middle School-School)
In den letzten Minuten eines Abschlussballes schießt der 14-jährige Andrew Wurst seinem Wissenschaftslehrer mit einer halbautomatischen Pistole ins Gesicht und anschließend in den Rücken. Daraufhin eröffnet er das Feuer auf die verängstigten Mitschüler und verletzt zwei, bevor er versucht zu fliehen. Er kann jedoch überwältigt und festgehalten werden, bis die Polizei eintrifft.

21. Mai 1998 – Springfield, Oregon (Thurston High School)
Weil er eine Schusswaffe mit in die Schule gebracht hat, entlässt man Kipland Phillip Kinkel, 15, einen Tag vor seiner Tat in Begleitung seines

Vaters und mit der Androhung eines Schulverweises nach Hause. Dort angekommen tötet er seinen Vater und drei Stunden später die nach Hause zurückkehrende Mutter. Am folgenden Tag kehrt er mit einem Gewehr und einer Pistole zur Schule zurück, betritt die Cafeteria und tötet dort zwei Mitschüler. 21 weitere Schüler werden durch Schüsse von ihm verwundet, bevor er beim Nachladen der Waffe überwältigt werden kann. Auf einem Polizeivideo gibt Kipland als Grund für seine Tat an »*I had no other choice*«.

20. April 1999 – Littleton, Colorado
(Columbine High School)
Mit langen schwarzen Trenchcoats bekleidet und zwei Taschen voller Schusswaffen und Bomben ausgerüstet betreten Eric Harris, 17, und Dylan Klebold, 18, die Cafeteria ihrer Schule, installieren einige der Bomben und warten danach außerhalb des Gebäudes auf die ersten Explosionen. Als ein fehlerhafter Zündmechanismus dies verhindert, betreten sie die Schule und töten über das Gebäude verteilt zwölf Schüler und einen Lehrer. 23 weitere Schüler werden verwundet. Anschließend kehren sie zur Cafeteria zurück und versuchen, die Bomben durch Schüsse auszulösen. Als dies auch nicht gelingt, töten sie sich selbst. Sie hatten seit mehr als einem Jahr vorbereitet, mindestens 500 Schüler und Lehrer zu ermorden. Ihre detaillierten Pläne hielten sie vor der Tat auf Videobändern fest.

20. Mai 1999 – Conyers, Gergia
(Heritage High School)
Sechs Schüler werden verwundet, als der 15-jährige Thomas Solomon mit einem abgesägten Gewehr vor Unterrichtsbeginn auf seine Mitschüler schießt. Er zielt offenbar absichtlich tief, da alle Opfer in die Beine getroffen werden. Letztlich nimmt er eine zusätzliche Pistole in den eigenen Mund, ohne jedoch abzudrücken und ergibt sich dann. In seinem Zimmer findet man Anleitungen zum Bau von Bomben nach dem Vorbild von Littleton und eine Notiz an seine »Brüder und Schwestern der Trenchcoat Mafia«. Dieselbe Notiz besagt allerdings auch, dass die Tat schon seit Jahren geplant gewesen sei.

Anhang

9. November 1999 – Meissen, Deutschland
(Gymnasium Franziskaneum)
Der 15-jährige Andreas S. betritt maskiert und mit zwei Küchenmessern bewaffnet das Klassenzimmer und sticht vor den Augen seiner Klassenkameraden mehr als 20 Mal auf seine Lehrerin ein. Sie kann sich noch auf Flur schleppen und erliegt dann ihren Verletzungen. Der Jugendliche wird einige Stunden später bei einer Ringfahndung festgenommen. Die Tat soll »Folge« einer Wette mit Klassenkameraden gewesen sein, die ihm eine solche Tat nicht zutrauten.

6. Dezember 1999 – Fort, Gibson, Oklahoma
(Fort Gibson Middle School)
Vor Unterrichtbeginn schießt der 13-jährige Seth Trickney mit einer halbautomatischen Schusswaffe seines Vaters auf seine versammelten Mitschüler. Dabei verwundet er vier Jugendliche durch Schüsse. Ein weiterer Schüler erleidet Prellungen durch die Panikreaktionen von fliehenden Schülern. Erst als Seth immer weiter den Abzug der nun leeren Waffe betätigt, gelingt es einem Lehrer, ihn zu entwaffnen.

16. März 2000 – Brannenburg, Deutschland
Nachdem ein 16-jähriger Jugendlicher infolge eines positiven Drogentests am Vortag von Schule und Internat verwiesen worden ist, kommt er mit zwei großkalibrigen Waffen und über 100 Schuss Munition aus der Sammlung seines Vaters zurück und verletzt im Treppenhaus des Internats seinen Heimleiter durch mehrfache gezielte Schüsse in den Kopfbereich lebensgefährlich. Anschließend schießt er sich selbst in den Kopf.

5. März 2001 – Santee, Kalifornien
(Santana High School)
Mit der Waffe seines Vaters tötet der 15-jährige Charles Andrew Williams an seiner Schule zwei Klassenkameraden und verletzt 13 weitere Menschen. Er schießt offenbar wahllos auf Schulkameraden, Lehrer und das Aufsichtspersonal. Mehrere Schüler verfehlt er nur knapp bzw. trifft nur ihre Rucksäcke. Bei dem Versuch, seinen Revolver ein fünftes Mal auf der Toilette nachzuladen, wird er überwältigt. Am vorausgegange-

nen Wochenende hatte Charles Andrew seinen Freunden mehrfach von seiner Absicht erzählt.

22. März 2001 – El Cajon, Kalifornien
(Granite Hills High School)
17 Tage nach dem Vorfall im sieben Kilometer entfernten Santee kommt es zu einem erneuten School-Shooting. Der 18-jährige Jason Hoffman schießt mit einer Schrotflinte und einer halbautomatischen Handfeuerwaffe ausgerüstet aus einer Scharfschützenposition heraus wahllos auf seine Mitschüler und verwundet dabei zwei Lehrer und sechs Schüler, bevor er seinerseits von einem Polizeibeamten angeschossen wird. Der Junge erhängt sich später in seiner Zelle mit den Bettlaken.

19. Februar 2002 Freising – Deutschland
Der 22-jährige Adam L. stürmt in einem Bundeswehr-Kampfanzug gekleidet mit einer großkalibrigen Waffe eine Firma für Dekorationsartikel, von der er einige Tage zuvor entlassen wurde. Dabei tötet er seinen ehemaligen Vorgesetzten und einen Mitarbeiter. Daraufhin fährt er mit dem Taxi zu seiner 20km entfernten ehemaligen Wirtschaftsschule, von der er ohne Abschluss entlassen wurde. Dort schießt er wild um sich, läuft dann in das Zimmer des Direktors, tötet auch diesen und schießt einen weiteren Lehrer ins Gesicht. Schließlich zündet er zwei mitgebrachte Rohrbomben, die zwei Lehrer schwer verletzen und sprengt sich durch eine weitere Rohrbombe selbst in die Luft

26. April 2002 – Erfurt, Deutschland
(Johann Gutenberg Gymnasium)
Der dunkel gekleidete und maskierte Robert Steinhäuser, 19, erschießt an seinem ehemaligen Gymnasium in verschiedenen Klassenräumen zwölf Lehrer, zwei Schüler, eine Verwaltungskraft und einen Polizisten. Mindestens sechs weitere Menschen werden verletzt. Robert war seiner Schule nach einer Aufforderung zum Schulwechsel im Februar ferngeblieben und führte seine Bluttat am Tag des Abiturs aus, an dem er selbst nicht mehr teilnehmen konnte.

Anhang

21. MÄRZ 2005 – RED LAKE, MINNESOTA (RED LAKE HIGH SCHOOL)
Am frühen Nachmittag tötet der 16-jährige Indianer Jeffrey Weise seinen Großvater und dessen nach Hause kommende Freundin. Dann fährt Weise mit dem Polizeiauto seines Großvaters zur Schule, tötet einen Sicherheitsbeamten, einen Lehrer, fünf Schüler und verletzt fünfzehn weitere. Nach einem kurzen Feuergefecht mit der eintreffenden Polizei, bei dem er verletzt wird, schießt sich Weise in den Kopf.

13. SEPTEMBER 2006 – MONTREAL, KANADA (DAWSONS COLLEGE)
Der 25-jährige Kimveer Gill betritt das Gebäude der Schule, erschießt eine Schülerin und verletzt neunzehn weitere. Nachdem ein Polizist ihm in den Arm geschossen hat, richtet Gill die Waffe gegen sich selbst.

29. SEPTEMBER 2006 – CAZENOVIA, WISCONSIN
(WESTON HIGH SCHOOL)
Erick Hainstock, 15, betritt gegen 8.00 Uhr morgens mit einer Handfeuerwaffe und einem Gewehr bewaffnet seine Schule und eröffnet das Feuer auf den Direktor der Schule. Das Opfer kann Hainstock noch überwältigen, erliegt später allerdings seinen Verletzungen.

20. NOVEMBER 2006 – EMSDETTEN, DEUTSCHLAND
(GESCHWISTER SCHOOL-REALSCHULE)
Der 18-jährige Bastian Bosse betritt mit einer Pistole, einem Gewehr, mehreren Stechwaffen und Rohrbomben bewaffnet gegen 9.30 Uhr das Gebäude seiner ehemaligen Schule und schießt wahllos um sich. Er verletzt fünf Personen durch Schüsse, weitere zweiunddreißig müssen wegen Rauchvergiftung behandelt werden. Anschließend tötet er sich selbst durch einen Kopfschuss.

16. APRIL 2007 – BLACKSBURG, VIRGINIA
(VIRGINIA TECH UNIVERSITY)
Der 23-jährige südkoreanische Student Cho Seung-Hui erschießt am frühen Morgen in seinem Studentenwohnheim zwei Mitbewohner und verletzt drei weitere schwer. Anschließend gibt er ein Paket bei der Post auf. Es enthält mehrere Abschiedsvideos und ein längeres Manifest, in dem er die Gründe für seine Tat erläutert. Gegen 9.00 Uhr betritt er das

Hauptgebäude der Virgina Tech University, verriegelt hinter sich die Türen und beginnt wahllos auf Menschen zu schießen. Insgesamt fallen ihm zweiunddreißig Menschen zum Opfer, dreiundzwanzig weitere werden verletzt. Gegen 9.30 Uhr richtet er seine Waffe gegen sich selbst.

7. NOVEMBER 2007 – TUUSULA, FINNLAND (JOKELA HIGH SCHOOL)
Gegen 11.40 Uhr eröffnet der 18-jährige Pekka-Eric Auvinen das Feuer und tötet 6 Schüler, die Schulkrankenschwester und die Direktorin, die sich ihm in den Weg gestellt hat. 12 weitere Menschen werden verletzt. Im Anschluss tötet Auvinen sich selbst. Einen Tag zuvor hat Auvinen seinen Amoklauf auf Youtube angekündigt.

11. MÄRZ 2009 – WINNENDEN/WENDLINGEN, DEUTSCHLAND (ALBERTVILLE-REALSCHULE)
Der 17-jährige Tim Kretschmer geht am Morgen des 11. März 2009 in seine ehemalige Schule in Winnenden und eröffnet das Feuer auf Schüler und Lehrer. Mit Eintreffen der Polizei flüchtet der Täter durch den Hinterausgang der Schule, rennt über das nahegelegene Parkgelände einer psychiatrischen Anstalt, erschießt auf seiner Flucht einen Angestellten der Klinik und nimmt einen Autofahrer als Geisel. Mit vorgehaltener Waffe zwingt Kretschmer seine Geisel loszufahren. Ihre Fahrt führt sie über Waiblingen, Fellbach und Stuttgart bis nach Wendlingen, wo es der Geisel gelingt, zu entkommen. Kretschmer flüchtet zu Fuß weiter in ein nahegelegenes Autohaus, dort erschießt er einen Kunden und einen Verkäufer. Schließlich liefert er sich eine Schießerei mit den eintreffenden Polizisten, bevor er sich selbst das Leben nimmt. Insgesamt kommen bei diesem Amoklauf 16 Menschen inklusive dem Täter ums Leben.

Psychosozial-Verlag

Svenja Taubner
Einsicht in Gewalt
Reflexive Kompetenz adoleszenter Straftäter beim Täter-Opfer-Ausgleich

Michael B. Buchholz, Franziska Lamott, Kathrin Mörtl
Tat-Sachen
Narrative von Sexualstraftätern

2008 · 349 Seiten · Broschur
ISBN 978-3-89806-878-9

2. Aufl. 2011 · 525 Seiten · Broschur
ISBN 978-3-89806-881-9

Das Thema Jugendkriminalität führt oft zu hitzigen Diskussionen, in denen jedoch das Verständnis für die individuellen Schicksale der Betroffenen verloren geht. An der Schnittstelle von Kriminalwissenschaften und Psychologie stellt dieses Buch Einzelfallanalysen von gewalttätigen Jugendlichen mit einer oftmals traumatischen Geschichte ins Zentrum der Untersuchung.

Am Beispiel des Täter-Opfer-Ausgleichs wird mit Methoden der psychoanalytischen Psychotherapieforschung und Bindungsforschung die Auseinandersetzung junger Männer mit ihren Gewaltstraftaten beschrieben. Svenja Taubner arbeitet heraus, dass einseitige Täterzuschreibungen einem Lernprozess entgegenwirken, und stellt Vorschläge für Entwicklungsmöglichkeiten dar.

Sexualstraftaten erwecken im Beobachter Angst und Unverständnis zugleich. Genauso erschreckend ist der Mangel an hochwertigen Auseinandersetzungen mit dem Thema. Noch nie sind therapeutische Prozesse mit Sexualstraftätern so genau analysiert worden wie in diesem Buch. Die Autoren gehen das Thema mit modernsten sozialwissenschaftlichen und psychologischen Methoden an. Gruppentherapiesitzungen wurden nach einer neuartigen Kombination von Konversations- und Metaphernanalyse vor dem Hintergrund eines psychoanalytischen Grundverständnisses ausgewertet. Die Leser erhalten Einblicke in Biografiemuster, Täuschungsstrategien und Aufdeckungshilfen, Zweifel und Rechtfertigungen, die Mühen der Einsicht und die mühsame Arbeit am Sinn.

Psychosozial-Verlag

Tomas Böhm, Suzanne Kaplan
Rache

Paul-Hermann Gruner, Eckhard Kuhla (Hg.)
Befreiungsbewegung für Männer

2., erg. Aufl. 2012 · 273 Seiten · Broschur
ISBN 978-3-8379-2192-2

2009 · 427 Seiten · Broschur
ISBN 978-3-8379-2003-1

In diesem Buch wird Rache als primitive, destruktive Kraft beschrieben, die allen Individuen, Gruppen und Gesellschaften innewohnt – ein zerstörerisches Potenzial, das sich unter bestimmten Umständen mit Macht den Weg an die Oberfläche bahnt. Das Motiv der Rache findet sich in der psychologischen Verknüpfung von Vorurteilen, Verfolgung, Rassismus und Gewalt. Die Autoren liefern deutliche – und oftmals beunruhigende – Fallbeispiele aus dem Alltag unserer Zeit und stellen Theorien vor, die zum besseren Verstehen von Opfern und Tätern beitragen können. Sie sollen uns helfen, der Versuchung zu widerstehen, selbst Vergeltung zu üben.

Ein Buch, das Widerspruch und Kontroversen auslösen wird und will.

Was kommt eigentlich nach dem Feminismus? Die Gleichberechtigung der Frau ist keine Aufgabe mehr in der westlichen Industriegesellschaft. Es gibt sie. Inzwischen sollte es im Geschlechterverhältnis längst um Gleichverpflichtung, Gleichbehandlung und damit Gleichwertigkeit gehen. Mit Analyse und Empirie, mit Ideologie- und Zeitgeistkritik, mit empathischen wie essayistischen Beiträgen debattiert dieses Buch die Realitäten des feministischen Zeitalters – und die Notwendigkeit einer Männerbewegung und -befreiung als Kernaufgabe der Ära danach. Dies anhand von Themenfeldern wie Gleichstellung, Partnerschaft, Familie, Gefühle, Gewalt, Gesundheit, Arbeitsleben und Sterblichkeit.

Walltorstr. 10 · 35390 Gießen · Tel. 0641-969978-18 · Fax 0641-969978-19
bestellung@psychosozial-verlag.de · www.psychosozial-verlag.de

Psychosozial-Verlag

Bernd Ahrbeck (Hg.)
Von allen guten Geistern verlassen?
Aggressivität in der Adoleszenz

Jürgen Körner, Burkhard Müller (Hg.)
Schuldbewusstsein und reale Schuld

2010 · 238 Seiten · Broschur
ISBN 978-3-89806-620-4

2010 · 283 Seiten · Broschur
ISBN 978-3-8379-2030-7

Aggressivität und Gewalttätigkeit von Jugendlichen sind zentrale Gegenwartsprobleme. Wer die Lebensphase der Adoleszenz umfassend verstehen will, muss sich dem Faktum stellen, dass in diesem Lebensabschnitt ein ungewöhnlich hohes Maß an Aggressivität aktiviert wird: sowohl gegen die Außenwelt als auch gegen die eigene Person. Das vorliegende Buch trägt dieser Tatsache Rechnung, indem es die Ausdrucksformen adoleszenter Aggressivität analysiert und ihre spezielle Psychodynamik in Fallstudien betrachtet. Der Austausch von deutschen und französischen Autorinnen und Autoren eröffnet neue, bisher wenig bekannte Sichtweisen und ermöglicht neue Perspektiven in der Fachdiskussion.

Der Band führt interdisziplinär in ein Thema ein, das vielen Praktikern in Pädagogik und Therapie, aber auch Jugendgerichtsbarkeit oder Seelsorge auf den Nägeln brennt. Beim Umgang mit jugendlichen Gewalttätern, die lebensgeschichtlich zugleich Opfer sind, aber weder als solche behandelt werden können noch wollen, stellen sich Fragen wie: Welchen Umgang mit Schuld erwarten wir von ihnen? Was könnte unsere Aufgabe bei der »Verarbeitung« von Schuld sein? Die Beiträge zeigen, warum die Pädagogik bei diesen Fragen über den eigenen Tellerrand blicken und die Auseinandersetzung mit Juristen, Therapeuten, Theologen und dem politischen Zeitgeschehen führen muss.

Walltorstr. 10 · 35390 Gießen · Tel. 0641-969978-18 · Fax 0641-969978-19
bestellung@psychosozial-verlag.de · www.psychosozial-verlag.de

www.ingramcontent.com/pod-product-compliance
Lightning Source LLC
LaVergne TN
LVHW040149080526
838202LV00042B/3088